Der Bulle vor der Frankfurter Börse

Baukunst im Bankenviertel

7 Palmengarten
Herzog Adolf von Nassau legte den Grundstock zu einer der ältesten exotischen Pflanzensammlungen der Welt (Seite 29)

8 Zoo
Mitten unter Tieren – Tausende von ihnen leben (fast) auf Tuchfühlung mit den Besuchern (Seite 29)

9 Deutsches Filmmuseum
Wie die Bilder laufen lernen, kann man hier im wahrsten Sinne begreifen (Seite 38)

10 Naturmuseum Senckenberg
Eine der größten Sammlungen zur Naturgeschichte mit riesigem Dinoskelett zur Begrüßung (Seite 42)

11 Städel-Museum
Weltberühmte Meisterwerke alter Kunst, gepaart mit klassischer Moderne – das Aushängeschild des Museumsufers (Seite 43)

12 Zur Sonne
Frankfurts schönster Apfelweingarten mit Biofleisch und modernen Ergänzungen zu Rippche mit Kraut (Seite 46)

13 Kleinmarkthalle
Wallfahrtsstätte zahlreicher Hobbyköche und Schmelztiegel für alle Aromen dieser Welt (Seite 57)

14 The Forsythe Company
William Forsythe und seine Truppe zeigen seit zwei Jahrzehnten Modern Dance vom Feinsten (Seite 77)

15 Tigerpalast
Keine Raubkatzen, dafür Varieté mit Akrobaten und viel Atmosphäre (Seite 79)

★ Die Highlights sind in der Karte auf dem hinteren Umschlag eingetragen

Inhalt

Die wichtigsten MARCO POLO Highlights

Sehenswürdigkeiten, Orte und Erlebnisse, die Sie nicht verpassen sollten

1 **Börse**
Am Vormittag kann jeder zuschauen beim hektischen Handel im historischen Parkett (Seite 19)

2 **Goethehaus und -museum**
An dieser Stelle erblickte der Dichterfürst das Licht der Welt. Sein Schreibtisch steht noch hinter den wieder errichteten Mauern (Seite 20)

3 **Hochhäuser/Bankenviertel**
Kühne Paläste für den Mammon, die gläsern und sogar mit hängenden Gärten in den Himmel wachsen (Seite 21)

4 **Römerberg**
Markthügel einst und bis heute Frankfurts »gut Stubb« mit rekonstruierten Fachwerkbauten und historischem Rathaus (Seite 23)

5 **Kaiserdom**
Vom frühen Mittelalter an wurden hinter den hochgotischen Mauern Könige und Kaiser gewählt und gekrönt (Seite 25)

6 **Paulskirche**
Wiege der Deutschen Demokratie: In dem klassizistischen Rundbau tagte 1848 die erste Nationalversammlung (Seite 27)

Üppiges Grün im Palmengarten

Entdecken Sie Frankfurt!

Die Stadt lebt von ihren Kontrasten, vom spannungsreichen Nebeneinander von Kultur und Kommerz, Weltoffenheit und Lokalpatriotismus

Der Rhein-Main-Airport ist der drittgrößte Flughafen Europas

Vieles kann man Frankfurt nachsagen – eines indes sicher nicht: dass es typisch deutsch sei. Europäische Metropolen wie London, Paris oder Madrid werden als Vergleich herangezogen, mancher zitiert sogar New York – auch diese Stadt sei nicht unbedingt typisch für ihr Land. Tatsächlich hat die Mainmetropole einiges mit der großen Schwester am Hudson gemeinsam, angefangen von der einzigartigen Silhouette über das reiche Kulturangebot und das ausgedehnte Grün bis hin zur ethnischen Vielfalt der Bevölkerung. 180 Nationalitäten wurden gezählt, fast ein Drittel der Frankfurter Bürger haben keinen deutschen Pass. Ihr Anteil an der Gesamtbevölkerung ist damit der höchste aller deutschen Großstädte. Das Spektrum reicht vom türkischen Gemüsehändler bis zum asiatischen Banker, vom ägyptischen Programmierer bis zum italienischen Dirigenten.

Tolerant, weltoffen und modern, mit einer mehr als 1200 Jahre langen Geschichte, ist Frankfurt heute das Zentrum einer der produktivsten und dynamischsten Regionen im Herzen Europas. Doch Frankfurt lebt nicht nur im Rhythmus des Geldes – wenngleich hier rund 300 Banken beheimatet sind. Auch das Nationale Olympische Komitee, der Deutsche Sportbund und der Deutsche Fußballbund haben in Frankfurt ihren Sitz. Die Wiege der deutschen Jazzszene stand in den Ruinen der vom Krieg fast völlig zerstörten City, in den 80er-Jahren wuchs am Flussufer eine ganze Kette ebenso hochkarätiger wie facettenreicher Museen. Die Tänzer von William Forsythe trugen den Ruf der Stadt hinaus in die Welt. Auch der Techno, das klangliche Sinnbild der postindustriellen Moderne, wurde am Main

Hat bereits Architekturgeschichte geschrieben: das Haus der Commerzbank von Sir Norman Foster

Angriffslustig: Der Bulle steht für die Hausse, das Steigen der Börsenkurse

erfunden. Namen wie Carlo Bohländer, Albert und Emil Mangelsdorff sind ebenso untrennbar mit der Musikszene Frankfurts verbunden wie Annemarie Roeloffs, Sabrina Setlur und Sven Väth. Gleiches gilt für Formationen wie das Ensemble Modern, das Museumsorchester (Frankfurter Opernensemble) oder das unkonventionelle Neue Frankfurter Schulorchester mit Klang- und Vokalkünstlern wie Frank Wolff, Sabine Fischmann, Markus Neumeyer und Anselm Wild. Ob Klassik oder Rock, Salsa oder Rap, Tango oder Hip-Hop – Frankfurts Clubs und Konzertsäle sind für alles offen. Und immer wieder wird die Stadt selbst zur Bühne, hallen Plätze und Straßen wider vom Openair-Sound regionaler Bands und international berühmter Gäste.

»Spannungsvolles Nebeneinander am Main«

Neben den Tönen pflegt man kräftig auch das Wort. Den Ruf als Literaturstadt verdankt Frankfurt wohl hauptsächlich »seinem« Dichterfürsten Johann Wolfgang von Goethe. Aber auch Heinrich Hoffmann, der Vater des »Struwwelpeter« (1845/47) und Begründer der Psychiatrischen Heilanstalt Frankfurts (an der ab 1888 auch der Gehirnforscher Alois Alzheimer wirkte), war am Main zu Hause. Inzwischen zählt die Riege der einheimischen und ortsansässigen Autoren an die hundert Namen, darunter Matthias Altenburg, Eva Demski, Wilhelm Genazino, Margarete Mitscherlich, Martin Mosebach und Alissa Walser. Eine ganz besondere Poesie pflegte der 2006 verstorbene Dichter und Zeichner Robert Gernhardt. Die Stadt richtet alljährlich im Oktober die weltgrößte Buchmesse aus, leistet sich ein Literaturhaus und ein Literaturtelefon, eine Romanfabrik, einen Stadt(teil)-schreiber und hat ein Literaturfest ins Leben gerufen.

Kultur wird groß geschrieben in Frankfurt. Etabliertes hat dabei ebenso seinen Platz wie Experimentelles. Kleinkunst, Kabarett, Performance und Comedy (man denke nur an Namen wie Badesalz und Mundstuhl) bieten zusammen mit Theatern, Oper, Galerien und Museen ein facettenreiches Angebot. Zudem gibt es eine lebendige Filmkultur mit gut einem halben Dutzend Programmkinos und renommierten Festivals wie Africa Alive oder Nippon Connection. Das Deutsche Filmmuseum hat in Frankfurt seinen Sitz und die Filmklassen der Städelschule wie auch der Hochschule für Gestaltung in Offenbach bilden Filmemacher aus, deren Produktionen die Frankfurter Filmszene weit über die Stadtgrenzen hinaus bekannt gemacht haben. Groß ist am Main aber auch die Lust am Feiern, am geselligen Entspannen in Cafés, Kneipen, Bars und Restaurants, beim *workout* oder beim traditionellen Sport. Zu Tausenden sausen Skater inzwischen allwöchentlich durch die Straßen der Stadt; im größten Freibad Europas, dem Rödelheimer Brentano-Bad, ziehen Schwimmer ihre 100-m-Bahnen. Und in den Sporthallen und Stadien (das für die EM 2006 konzipierte Waldstadion mit seinem innovativen Faltdach gilt als »größtes Cabrio der Welt«) zittern Einheimische und Zugewanderte regelmäßig gemeinsam um Adler und Lions, um die Eintrachtkicker oder die Mannschaft der Skyliner und der Galaxy. Kleine Fluchten in einer großen Stadt, einer *big city*, die viele gerade auch deshalb bezaubert, weil sie bei aller Modernität noch immer etwas Dörfliches bewahrte. Glanzvoll auferstanden aus Bombentrümmern, bietet sie auf kleinstem Raum Gegensätze wie Wolkenkratzer und Fachwerkidylle, schräge Bars und gemütliche Apfelweingärten. Um den futuristischen Citykern liegen schöne Villenviertel und Gründerzeitareale ebenso wie die Siedlungsbauten eines Ernst May aus den 20er-Jahren und Industriebrachen, die allmählich aufgepeppt werden zu angesagten Arbeits-, Wohn- oder Ausgehlocations.

»Business ist der Motor der Stadt«

Alt und Neu, Luxus und Armut, Kommerz und Kunst leben in Frankfurt spannungsvoll nebeneinander. Fremdes paart sich (nahezu) problemlos mit Bekanntem, Intellektualität mit Bodenständigkeit. Die Frankfurter Schule um die Philosophen Theodor W. Adorno, Max Horkheimer und Jürgen Habermas ist Legende. Kritische Köpfe gingen aus ihr hervor, die sich 1968 auflehnten gegen das Establishment und die Villen des Westends besetzten. Viele dieser »roten Revoluzzer« sind heute etablierte Politiker; die bekanntesten heißen Daniel Cohn-Bendit und Joschka Fischer.

Aber es stimmt schon: Business ist der Motor der Stadt. Und zwar von Anbeginn an. Bald nachdem Karl der Große auf der Flucht vor den wilden Sachsen, die – so die Legende – eine plötzlich aufziehende Nebelwand über der Flussfurt an der Verfolgung des Frankenkönigs und seiner Mannen hinderte, Franconofurt begründet und eine Synode zusammengerufen hatte, machte die Siedlung als Handelsplatz von sich reden. Fürsten- und Reichsversammlungen brachten reichlich Interessenten nach Frankfurt, zahlreiche Könige und Kaiser erlebten hier ihre Krönung. Mitte des 19. Jhs. feierte man in der Frankfurter Paulskirche die Geburt der Deutschen Demokratie. Doch auch weniger friedliche Ereignisse bescherten Frankfurt schon früh internationales Publikum. Hugenottisches Erbe beispielsweise prägt noch heute die Sprache der Stadt – in Wörtern wie »Belvederche« (von franz. *belvédère*, Aussichtspavillon) lässt sich mit ein wenig Phantasie leicht der französische Ursprung erkennen. Und stets trugen auch jüdische Bürger zum Alltag bei. Als geschickte Händler und Geldverleiher legten sie quasi den Grundstein der heutigen Finanzmetropole, die in beeindruckender Dichte alles versammelt, was Rang und Namen hat in der Wirtschaftswelt – von der Deutschen Bundesbank über die Europäische Zentralbank bis hin zur Deutschen Börse AG mit dem immerhin drittgrößten Wertpapierhandelsplatz auf dem Globus. Etwa 650 000 Menschen leben in der Mainmetropole, nimmt man das Umland hinzu, so weist die Statistik fast 5 Mio. Bewohner und gut 2 Mio. Erwerbstätige aus. Sie verteilen sich auf abertausende von Unternehmen – vom Industriekonzern bis zum kleinen Soft-

» *Wolkenkratzer und Fachwerkidylle* «

Wenn Kirchtürme singen

Das Frankfurter Stadtgeläut erklang schon im Mittelalter

Diese Sinfonie ist einzigartig auf der Welt: Fünfzig Kirchenglocken intonieren sie, viermal im Jahr kommt sie zu Gehör. An den Samstagen vor Ostern und Pfingsten, am Vorabend des ersten Advent sowie an Heiligabend erklingt in Frankfurt jeweils eine halbe Stunde lang das »Große Stadtgeläut«. Seine Tradition reicht zurück bis ins frühe Mittelalter. Die zeitgenössische Form verdankt es Professor Paul Smets. Als staatlicher Sachverständiger für Orgelbau und Glockenwesen hatte er nach Kriegsende im Auftrag der Stadt den noch verbliebenen Bestand an Glocken zu prüfen. Dabei ersann er ein Konzept, alle Einzelglocken der zehn Innenstadtkirchen aufeinander abzustimmen. Den Auftakt bildet die »Bürgerglocke« der Paulskirche. Zum Schluss lässt die »Gloriosa« ihren mächtigen Bass aus dem Dom erschallen. Mit ihren 11 950 kg ist sie die zweitgrößte Glocke Deutschlands. Das »Große Stadtgeläut« ist auch auf CD erhältlich.

Die Alte Oper: Ort für Konzerte, Kongresse und gesellschaftliche Events

wareentwickler, vom Verlagshaus bis hin zur Werbeagentur.

Mag Frankfurt auch auf den ersten Blick nicht gerade als Zentrum der Medien erscheinen, so sind doch mit Suhrkamp und S. Fischer zwei der namhaftesten deutschen Büchermacher hier zu Hause sowie drei große Tageszeitungen, darunter die renommierte F.A.Z. und die ebenfalls bundesweit vertriebene Frankfurter Rundschau. Außerdem sind zwei Radiostationen hier ansässig, die großen Business-TV-Sender und diverse Regionalanstalten. Auch mehr als ein Drittel des deutschen Werbeumsatzes wird in Frankfurt erwirtschaftet. Die Region Frankfurt ist Spitzenreiter in Deutschland bei den *headquarters* weltweit operierender Unternehmen. Von den hundert größten Industrieunternehmen Deutschlands haben zwanzig ihre Firmenzentralen im Großraum Frankfurt. Im Stadtgebiet Frankfurt ist die Chemie – ursprünglich eng verbunden mit den Namen IG Farben und Hoechst – der größte Industriezweig. Eine immer stärkere Bedeutung gewinnt die Bio- und Gentechnologie dank der Universität und diverser Forschungsinstitute. Ein wichtiger Arbeitgeber ist auch der Frankfurter Flughafen, nach London-Heathrow und Paris-Roissy der drittgrößte Europas. Fast alle dreißig Sekunden startet und landet auf dem Rhein-Main-Airport eine Maschine; mehr als 4000 Flüge verbinden die Region mit fast dreihundert Zielen in mehr als hundert Ländern der Welt.

»Die Stadt überrascht immer wieder«

Frankfurt – eine Stadt der Kontraste und »Merkwürdigkeiten«, wie schon Johann Wolfgang von Goethe befand. Jeder Besucher wird in der Mainmetropole für sich etwas anderes finden. Entdecken Sie Ihr Frankfurt!

Von Apfelwein bis Wolkenkratzer

Fachwerkbeschaulichkeit und Hochhausbusiness gehören zu Frankfurt ebenso wie die Lust an Kultur und Genuss

Apfelwein

Um Sagen und Legenden über die Entstehung ihres Nationalgetränks sind die Frankfurter nie verlegen. Die einen behaupten, Kaiser Karl sei der »Erfinder«: sein monarchisches Gewicht habe aus einem versehentlich auf einem Stuhl liegenden Apfel alle Flüssigkeit gepresst. Andere erzählen die Geschichte der beiden diebischen Soldaten, die ihre Apfelbeute ausgerechnet im Kanonenrohr versteckten, vom Hauptmann ertappt wurden und zusehen mussten, wie der Kanonenputzer so lange im Rohr herumstocherte, bis »daraus quoll ein Strom hervor«. Wie dem auch sei, gewerblich ausgeschenkt wird das gekelterte »Stöffche« seit dem 17. Jh.; immer schon in einem Steingutkrug (Bembel) und in geschliffenen Gläsern (Gerippte). Anfangs waren am Straßenrand wachsende Äpfel die Basis für den erfrischenden Trunk, inzwischen kommen sie von weither. Der Herstellungsdreiklang *Süßer* (frisch gepresst nach der Ernte), *Rauscher* (nach einigen Wochen Gärung, trüb, leicht moussierend), *Neuer* (nach Abschluss des Gärprozesses, klar) ist indes bis heute gültig – ebenso wie die vier Schreibweisen Äppelwoi, Äppelwei, Ebbelwei, Ebbelwoi. Und jeder echte Frankfurter weiß natürlich, welcher Wirt noch nicht auf Industrieware umgestellt hat.

Der »Hammering Man« vorm Messeturm ist eines der Wahrzeichen

Frankfurter Latern

Zugegeben: Frankfurts berühmtester Dichter heißt Johann Wolfgang von Goethe. Auch wenn er lange in Weimar lebte und nicht immer nur gut über seine Heimatstadt sprach. Aber immerhin flossen ihm am Main einige seiner bedeutendsten Werke aus der Feder: »Götz von Berlichingen« etwa oder »Die Leiden des jungen Werther«. Friedrich Stoltze (1816–1891) hingegen schaute nicht den Damen in die Augen, sondern allen Bürgern aufs Maul, hielt ihnen mit seinen Gedichten in Frankfurter Mundart spöttisch den Spiegel vor. Porträtierte aber auch liebevoll-ironisch die Freuden und Nöte des Alltags. Schrieb flammende Zeilen für die Freiheit im Sinne der Paulskirchenversammlung. Und leuchtete nicht nur den Politikern jahrzehntelang ordentlich heim mit seiner »Frank-

Vorbereitungen zum Ruderspaß auf dem Main beim Holbeinsteg

furter Latern«. Bis zu 20 000 Exemplare einzelner Nummern wurden von dieser engagierten, in ganz Deutschland erscheinenden satirischen Zeitung verkauft.

Grün

Frankfurt ist grüner als sein Ruf. So besitzt die Mainmetropole den größten stadteigenen Wald der Bundesrepublik. Gesprenkelt von Weihern, erstreckt er sich auf der südlichen Flussseite von Ober- bis Niederrad. Auf der nördlichen Mainseite umspannt ein fast 5 km langer, auf Befehl von Napoleon Anfang des 19. Jhs. an Stelle des ehemaligen Befestigungsrings geschaffener Grüngürtel die Stadt. Außerdem liegen auf dem Stadtgebiet ein Dutzend öffentlicher Parks; meist ursprünglich angelegt um den Besitz wohlhabender Familien, etwa der Solms und Bretanos. Zwei Ausnahmen bilden der Ostpark und der Lohrpark. Ersterer wurde um 1900 als Freizeitstätte für die Bevölkerung konzipiert, mit Spielwiesen, Badeteich und Schulgarten. Wenige Jahre später entstand auf der Kuppe des Lohrbergs ebenfalls ein Bürgerpark: mit Obsthainen, Versuchsgarten, Schreberparzellen und einer Ausflugsschänke.

Main

Es hat ein wenig gedauert, aber inzwischen entdeckt Frankfurt seinen Fluss und dessen Ufer wieder. Die Jahrhundertwendepracht mit schwimmenden Badeanstalten ist zwar unwiederbringlich dahin, aber einige junge Gastwirte stellen im Sommer immerhin Tische und Bänke vor die Kulisse von Museumsufer und Hochhausskyline. In Brückenköpfen und -gewölben entstanden und entstehen hippe Bars und Kneipen; am Ufer dehnen sich im Sommer nun weite Strandlandschaften mit Palmen, Sand und Beachvolleyballfeldern aus. Das ehemalige Schlachthofgelände am Sachsenhäuser Ufer und die beiden

Hafenareale entwickelten sich zu luxuriösen Wohngebieten – im Westen sogar mit Anlegesteg für die schnittige Yacht. Auf dem Gelände der historischen Großmarkthalle hinter der Weseler Werft geht die Rückbesinnung auf die Reize des Mains weiter: 2009 will hier die Europäische Zentralbank, bislang im Eurotower in der City zu Hause, ihr neues Quartier beziehen.

Messe

Schon früh kreuzten sich in Frankfurt die Handelswege, und bereits 1160 wurde die Siedlung am Main als Messeplatz erwähnt. Knapp achtzig Jahre später erhielt sie als erste Stadt im damaligen Europa das offizielle kaiserliche Privileg, jährlich Handelsmessen abzuhalten. Tuche und Gespinste aus den hessischen Dörfern kamen ebenso zum Verkauf wie Wein von der Mosel und Waren aus fernen Gefilden. Inzwischen ist Frankfurt mit annähernd 40 000 Ausstellern und mehr als 2 Mio. jährlichen Besuchern der größte Messeplatz in Europa. Rund fünfzig Messen stehen im Jahreskalender, fast ein Drittel davon gelten als weltgrößte ihrer Branche, darunter die Internationale Automobilausstellung (IAA), die Buchmesse und das Konsumgütermessenpaar Ambiente/Premiere.

Wolkenkratzer

Wer das Glück hat, mit dem Flugzeug einzuschweben, und das möglichst noch kurz vor der Dämmerung, erlebt die wohl beeindruckendste Stadtansicht Deutschlands von ihrer bezauberndsten Seite. Filigran hebt sich das Ballett der Hochhaustürme vor den Kuppen des Taunus ab: schlanke, von Kronen und Spitzen gezierte Wolkenkratzer aus Stahl und Glas, die modernen Insignien von (Versicherungs-)Macht und (Banken-)Kapital. Ein Hauch von New York weht dem Betrachter entgegen; »Mainhattan« nennen daher nicht nur die Einheimischen die Mainmetropole inzwischen mit wachsendem Stolz.

Der Brezelbub

Passend zum Apfelwein: knusprige Snacks aus dem Henkelkorb

Minderjährig ist keiner mehr in der mittlerweile recht kleinen Zunft der Brezelbuben. Aber ansonsten haben sich die uralten Traditionen gehalten: mit frischen Brezeln, Käsestangen, Mohn- oder Kümmelweck, *Hartekuche* (der Name ist Programm) und vielleicht noch paar *Makröncher* (Kokosmakronen) in ihrem großen Henkelkorb aus Weide ziehen die Verkäufer in weißer Jacke noch immer durch die Apfelweinlokale. Ihr frisches Gebäck passt bestens zum *Stöffche*. Keinesfalls zu verwechseln sind die Brezelbubenoriginale mit den Schiebern riesiger viereckiger Korbwagen voller läppischer Laugenerzeugnisse, die gern an den touristischen Sammelpunkten stehen.

Feste, Events und mehr

Das Feiern liegt den Frankfurtern im Blut – kein Anlass ist ihnen zu gering dafür

Mit den Festivitäten anlässlich der Königswahlen und Kaiserkrönungen fing alles an, inzwischen geht die Zahl der alljährlichen Indoor- und Outdoor-Events in Frankfurt in die Hunderte.

Modernes Messeambiente

Ob Rheingauer Weinwoche, Dippemess, Tunnelrave, Museumsuferfest, Stadtmarathon oder nur das Fest in der eigenen Straße – das Publikum strömt in Massen.

Feiertage

1. Jan. *(Neujahr);* **Karfreitag; Ostermontag; 1. Mai** *(Maifeiertag);* **Christi Himmelfahrt; Pfingstmontag; Fronleichnam; 3. Okt.** *(Tag der Deutschen Einheit);* **1. Nov.** *(Allerheiligen);* **25./26. Dez.** *(Weihnachten)*

Feste und Veranstaltungen

Februar

Opernball und *Ball des Sports*: lokaler und (inter)nationaler Promiglanz im Gemäuer der Alten Oper. *U 6/7 Alte Oper*

März/April

Nacht der Clubs: zur Eröffnung der Musikmesse Sound satt von traditionell bis szenig in Dutzenden von Clubs, *www.nacht-der-clubs.de*

Luminale: Leuchtinszenierungen aller Art an verschiedenen Punkten der Stadt, verbunden mit Klang, Poesie und Performances. Jeweils während der Messe *Light & Building* vier Tage lang (alle zwei Jahre, nächster Termin: 2008), *www.luminale.com*

Nacht der Museen: Big Party zwischen Dinos und alten Meistern. Fast fünfzig Institutionen sind mit von der Partie; kostenloser Shuttlebus bis morgens um 3 Uhr, *www.nacht-der-museen.de*

Mai

ArtFrankfurt: Messe für zeitgenössische Kunst mit zahlreichen witzigen Randveranstaltungen. *Messegelände, U 4, S 3–6 Messe*

Juni

Rosen- und Lichterfest: sommernächtlicher Zauber zwischen exotischen Pflanzen, Teelichterbilder und grandioses Feuerwerk. *Palmengarten, U 6/7*

Freßgassen-Fest: Stände mit Schnittchen und Champagner – alles nicht billig. *Große Bockenheimer Str., U-/S-Bahnen Hauptwache*

Frankfurt International Dragonboat Festival: drei Tage exotischer Wettkampf auf dem Wasser, *www.dragonboat-frankfurt.de*

Juli/August

Sound of Frankfurt: Megaparty auf Deutschlands umsatzstärkster Einkaufsmeile, der Zeil, mit mehr als fünfzig Bands auf fünf Bühnen vom Nachmittag bis in den frühen Morgen. *Juli, U-/S-Bahnen Hauptwache, Konstablerwache*

Parade der Kulturen: Umzug von Dutzenden ausländischer Vereine und Gruppierungen mit heißen Rhythmen, Tanz und Shows in farbenfrohen Kostümen. Ab 12 Uhr ca. 3 Std. zwischen Untermainkai und Römer/Paulsplatz, *www.parade-der-kulturen.de (wechselnde Termine)*

Museumsuferfest: Frankfurts gigantischste Fete. Musik, Theater, Straßenspektakel – alles was Rang und Namen hat in der Kulturlandschaft macht mit bei den drei turbulenten Tagen. Und das ganze Umland kommt zu Besuch. *Ende August, links und rechts des Mains im Stadtgebiet*

September

Insider Tipp *Berger Markt/Stadtschreiberfest:* traditionsreiches, uriges Zusammentreffen von Volksbelustigung und Literaturpreisvergabe. *U 7 Enkheim*

Insider Tipp *Stöffche-Fest:* Frankfurts Apfelweinwirte schenken aus und zeigen, wie man frischen Süßen keltert. Dazu deftige Speisen, Musik und Apfelweintaufe durch die Apfelweinkönigin. *Römerberg, U 4/5 Dom/Römer*

Oktober

Buchmesse: für Bücherfreaks ein Muss. Und drumherum in ganz Frankfurt mehr oder minder literarische Events. *Messegelände, U 4, S 3–6 Messe*

Stadtmarathon: die älteste deutsche Veranstaltung dieser Art. Zahlreiche Bands und Festivitäten längs der Strecke. Termin und Verlauf unter: *www.frankfurt.de*

November/Dezember

Frankfurter Weihnachtsmarkt am Römerberg, Paulsplatz, Mainkai. Mit Künstlermarkt im Rathaus. *U-/S-Bahnen Hauptwache*

Weihnachtsmarkt am Römerberg

Römer Bembel

Fachwerkidylle und Hochhausglanz

Frankfurt ist eine Stadt der Kontraste: cool und charmant, businessorientiert, aber zugleich voller Kunst und Kultur

Große Distanzen kennt man in Mainhattan nicht – fast alle Sehenswürdigkeiten liegen an den Flussufern eng beieinander. Zu Fuß, per Rad oder mit öffentlichen Verkehrsmitteln lässt sich die Stadt wunderbar erobern – das Auto bleibt am besten gleich in der Garage. Denn trotz seiner vielen Museen ist Frankfurt vor allem eine Outdoor-Destination, ein lebendiges Stück Architekturgeschichte. Futuristische Bankenpaläste und historische Bürgerpalais, ehrwürdige Kirchen und freche U-Bahn-Stationen, stille Parks und belebte Einkaufsstraßen bilden ein stimmiges, nur dem Flaneur sich wirklich erschließendes Puzzle. Selbst die Stadtteile, von denen jeder seinen ganz eigenen Charakter hat, von großbürgerlich bis multikulti, liegen nur ein paar Spazier- oder U-Bahn-Minuten vom Zentrum entfernt.

Wer lieber oberirdisch die Facetten Frankfurts erfahren will, nimmt die Straßenbahn: die Linien 11, 12 und 21 fahren quer durch das Herz der Stadt und weit an ihren östlichen und westlichen Rand.

Frankfurts Herz: der Römerberg mit Ostzeile und Justitia-Brunnen

Die Brunnen sind beliebte Treffpunkte, wie hier vor der Alten Oper

GEBÄUDE & BAUENSEMBLES

Börse **[101 D2]**

★ »Kapitalistendom« heißt der 1879 vollendete Kuppelbau im Volksmund; das Auf (Hausse) und Ab (Baisse) der Finanzwelt symbolisieren vor seinem Portal zwei Tierskulpturen: der Bulle und der Bär. Frankfurt gilt als weltweit drittgrößter Wertpapierumschlagplatz; der erste Börsenbau (1585) stand nahe der heutigen Paulskirche. Verwaltung und Computerhandel bündelt inzwischen die Neue Börse im Stadtteil Hausen. Der Parketthandel findet noch in der City statt. Montags bis freitags von 10 bis 13 Uhr können Zuschauer das hektische Treiben kostenlos miterleben,

Zwei Frankfurter Hochhausgiganten: die Türme der Deutschen Bank

Personalausweis und Voranmeldung (24 Std.) sind aber nötig. *Börsenplatz, Tel. 21 11 15 15, www.deutsche-boerse.com, U-/S-Bahnen Hauptwache*

Goethehaus und -museum **[101 D3]**

★ Eine der wichtigsten Dichtergedenkstätten Deutschlands. Am 28. April 1749 erblickte Johann Wolfgang von Goethe im Großen Hirschgraben 23 das Licht der Welt. Sein Elternhaus brannte allerdings im Zweiten Weltkrieg völlig aus; das heutige Gebäude ist eine Rekonstruktion. Die Einrichtung spiegelt jedoch die typische bürgerliche Wohnkultur im Spätbarock. Schreibtisch und Arbeitspult im »Dichterzimmer« sind gerettete Originale. Das benachbarte Goethemuseum birgt Handschriften und Gemälde aus der Goethezeit. Die Bildergalerie umfasst Werke sowohl Frankfurter Maler als auch bedeutender Künstler des deutschsprachigen Raums wie Johann Heinrich Füssli, Caspar David Friedrich u. a. *Großer Hirschgraben 23–25, Mo bis Sa 10–18, So 10–17 Uhr, Führungen tgl. 14 und 16 Uhr, 5 Euro, www.goethehaus-frankfurt.de, U-/S-Bahnen Hauptwache*

Hauptwache **[101 D2]**

Einst Wachlokal und Gefängnis, in dem u. a. der Bruder des Naturforschers Johann Christian Senckenberg und der berühmte »Schinderhannes« einsaßen, dient das 1731 vollendete Gebäude heute, wie schon um 1900, als Café. Außerdem markiert die Hauptwache das Zentrum des städtischen Nahverkehrs: unter ihr liegt der wichtigste U-Bahn-Knoten Frankfurts. Für dessen Bau wurde das Ensemble komplett ab- und nach zwei Jahren, 1968, originalgetreu wieder aufgebaut. Geschichtliche Bedeutung erlangte die Hauptwache durch den

Wachensturm 1833, als junge Revolutionäre ein Signal zur Errichtung einer Republik geben wollten. *An der Hauptwache, U-/S-Bahnen Hauptwache*

Hochhäuser/ Bankenviertel **[100 A–B 3–4]**

★ Noch in den 50er-Jahren war der Kaiserdom mit 96 m das höchste Gebäude der Stadt. Heute prägen fast hundert Hochhäuser die Frankfurter Skyline, einige ragen gut 300 m in den Himmel. Bei den jüngsten zeigten die Architekten zwar wieder mehr Bescheidenheit, der Westhafentower etwa (in dem viele gern ein typisches, geripptes Apfelweinglas erkennen) misst nur 99 m, das Gallileo-Haus der Dresdner Bank 136 m und der Skyper an der Taunusanlage 151 m. Doch schon bald soll im geplanten Europaviertel an der Messe der Millenniumtower mit 365 m Höhe die bisherige Spitze Frankfurts (und Europas), Sir Norman Fosters Commerzbankbau (259 m, mit Antenne 300 m; *Kaiserstr./Kirchnerstr.*), übertrumpfen. Das Gros der Frankfurter Wolkenkratzer konzentriert sich im Bankenviertel zwischen Alter Oper und Hauptbahnhof. Es sind meist Bürogebäude. Aus diesem Grund kann ihr Inneres auch nicht besichtigt werden. In einigen sind aber auch Wohnungen, Läden und Restaurants untergebracht, z. B. im Messeturm, im Eurotower *(Willy-Brandt-Platz)* sowie in mehreren Gebäuden an der Taunusanlage. Als bislang einziges Hochhaus

MARCO POLO Highlights »Sehenswertes«

★ **Kaiserdom**
Zweimal abgebrannt und wiedererbaut – mit sensationellem archäologischem Fund (Seite 25)

★ **Römerberg**
Fachwerk, Kopfsteinpflaster, Rathausfront: das Fotomotiv schlechthin (Seite 23)

★ **Hochhäuser/Bankenviertel**
Höchste Dichte himmelstürmender Phantasien aus Glas und Stein (Seite 21)

★ **Palmengarten**
Tropische Gewächse in einem historischen Landschaftspark (Seite 29)

★ **Paulskirche**
Hier wurde 1848 die Basis gelegt für die erste liberale Verfassung Deutschlands (Seite 27)

★ **Börse**
Historisches Parkett für »Bulle« (Hausse) und »Bär« (Baisse) (Seite 19)

★ **Zoo**
Grzimeks Lebenswerk mit Nachthaus und Exotarium (Seite 29)

★ **Goethehaus und -museum**
Wo des Dichters Wiege stand: bürgerliche Wohnkultur des 18. Jhs. (Seite 20)

bietet der Main Tower auf 200 m eine Besucherplattform *(Neue Mainzer Str., So–Do 10–21, Fr/Sa 10–23, im Winter bis 19 bzw. 21 Uhr, wetterbedingte Schließungen sind möglich, 4,50 Euro, www.maintower.de).* Alle zwei Jahre *(nächster Termin Mai 2007)* findet das Wolkenkratzerfestival *(Auskunft über Tourist-Information)* statt, bei dem eine Vielzahl von Hochhäusern für das Publikum einen Tag lang geöffnet ist und ein unterhaltsames Rahmenprogramm geboten wird.

Karmeliterkloster **[101 D4]**

Eines der bedeutendsten erhaltenen historischen Bauwerke der Stadt. Seine Geschichte reicht zurück ins 13. Jh. Nach einem Umbau gestaltete Jörg Ratgeb es ab 1514 mit Fresken aus. Jene im Kreuzgang sind weitgehend zerstört, die erhaltenen Abschnitte wurden restauriert. Ursprünglich stellten sie auf 80 x 4 m als größtes Wandbild nördlich der Alpen die Heilsgeschichte dar. Das Gemälde im Refektorium mit der Ordenshistorie ist relativ gut erhalten. Das Kloster ist heute Sitz des Instituts für Stadtgeschichte. Die Klosterkirche wird vom Museum für Vor- und Frühgeschichte genutzt. In den Klosterräumen finden regelmäßig interessante Insider Tipp Ausstellungen, Vorträge und Konzerte statt. *Karmelitergasse 5, Tel. 21 23 62 76, Kreuzgang und Ausstellungshalle sind bis voraussichtlich August 2007 nicht zugänglich, U 1–3 Dom/Römer, Willy-Brandt-Platz*

Messe **[103 E4–5]**

Handel trieben die Frankfurter schon lange, aber offiziell hob Kaiser Friedrich II. die Messe Frankfurt erst 1240 aus der Taufe. Anfang des 20. Jhs. wurde mit der Festhalle auf dem Messegelände ein Ort für internationale Ausstellungen und Kongresse geschaffen, der gleichzeitig eine gute Akustik hat. Bis heute dient der damals größte Kuppelbau Europas für Sportereignisse und Rockkonzerte. Inzwischen umgeben ihn zehn Ausstellungspavillons sowie mehrere architektonisch eindrucksvolle zeitgenössische Bauten: Das Torhaus von Oswald Mathias Ungers, der von den Einheimischen liebevoll »Bleistift« genannte und längst zum Wahrzeichen nicht nur der Messe, sondern der ganzen Stadt avancierte, 256 m hohe Messeturm nach Plänen von Helmut Jahn sowie die Hochhauszwillinge Castor und Pollux. Den Zugang zum Messegelände akzentuiert der »Hammering Man«, eine 22 m hohe Skulptur von Jonathan Borofsky. *Ludwig-Erhard-Anlage 1, www.messe-frankfurt.com, U 4, S 3–5 Messe, Straßenbahn 16/17/19 Messe*

Römer **[101 E4]**

Frankfurts historisches Rathaus entstand 1405 aus den beiden mittelalterlichen Häusern Zum Römer (dessen vormaliger Besitzer vorwiegend mit Rom Handel getrieben haben soll) und Goldener Schwan. Drei Jahre lang wurde umgebaut. Im Erdgeschoss entstanden die bis 1846 benutzten Kauf- und Messehallen, darüber richtete man 1612 den Kaisersaal ein, in dem bis 1806 die Krönungsbankette von zehn deutschen Kaisern stattfanden. Bis Ende des 19. Jhs. kaufte die Stadt weitere elf Gebäude hinzu. Bomben zerstörten im Zweiten Welt-

Nur vom Main Tower möglich: ein Rundblick aus 200 m Höhe

krieg das gesamte Ensemble. 1950–1953 wurde das Rathaus komplett wieder errichtet. In dem modern wieder erbauten Kaisersaal sind Bildnisse von 52 deutschen Kaisern versammelt – von Karl dem Großen bis Franz II. Alle Werke entstanden erst im 19. Jh. An der Rückfront des Rathausensembles lässt sich im Römerhöfchen *(Limpurger Gasse)* eine bedachte Treppenspindel entdecken, eines der wenigen erhaltenen Zeugnisse Frankfurter Renaissancebaukunst. Der Römer ist heute Sitz des Stadtoberhauptes und des Standesamts. *Römerberg, Kaisersaal tgl. 10–13 u. 14–17 Uhr (bei Veranstaltungen geschl.), U 4/5 Dom/Römer*

nsider ipp

Römerberg **[101 E4]**

★ Zentraler Platz der Frankfurter Altstadt, die bis zu ihrer Zerstörung kurz vor Ende des Zweiten Weltkriegs mit ihren mehr als 2000 Gebäuden als die größte noch in mittelalterlichen Formen erhaltene in Deutschland galt – obgleich viele Häuser erst im 17. und 18. Jh. erbaut worden waren. Auf dem leicht abschüssigen Areal, früher auch Samstagsberg genannt, wurden seit dem 9. Jh. Märkte und Kundgebungen abgehalten, Turniere ausgefochten und Feste gefeiert. Im 16. Jh. stand der Römerberg in dem Ruf, der schönste Platz im Heiligen Römischen Reich deutscher Nation zu sein. Heute wird die »gudd Stubb« Frankfurts neben Römer und Nikolaikirche geprägt durch die 1986 nach historischen Plänen wieder aufgebauten Fachwerkhäuser der Ostzeile und des Schwarzen Stern. Jedes dieser Gebäude ist ein typischer Vertreter mainischer Fachwerkbauweise. Sie heißen (von links): Großer Engel (hier wurde im 17. Jh. die erste Bank Frankfurts gegründet), Goldener Greif,

Bockenheimer Warte: Kunstwerk U-Bahn-Station

Wilder Mann, Kleiner Dachsberg, Großer und Kleiner Lauberberg. Restaurants und ein Minicafé logieren in ihren Erdgeschossen. Schon früher florierte an dieser Stelle eine Apfelweinwirtschaft namens Heyland. Sie veranlasste die Einheimischen, auf die Frage nach dem höchsten Berg der Welt schelmisch zu antworten: »der Römerberg – weil es von dort nur noch eine Stufe zum Heyland ist«. In der Mitte des Römerbergs erhebt sich der Gerechtigkeitsbrunnen, der Justitia mit unverbundenen Augen, Waage und Schwert zeigt. Er sprudelt seit der Krönung von Kaiser Matthias im 16. Jh.; damals floss aus ihm Wein. Wenige Schritte mainwärts erinnert eine Plakette im Kopfsteinpflaster an die Bücherverbrennung 1933 durch die Nationalsozialisten auf dem Platz. Rechts Richtung Flussufer erhebt sich am Fahrtor das Haus Wertheym, das einzige vom Bombenhagel 1944 verschonte Fachwerkgebäude des Römerbergs. Hinter dem Beton des Historischen Museums gegenüber verstecken sich Turm und Palastkapelle des Saalhofs, eines königlichen Burghofs aus der Stauferzeit, der als Ersatz für die Karolingerpfalz am Main entstand. In der Saalgasse konnten namhafte Architekten auf mittelalterlichen Parzellen die Formensprache der 80er-Jahre realisieren. Die Häuserzeile gilt heute als Musterbeispiel der Postmoderne.

U-Bahn-Stationen

Künstler gestalteten einige U-Bahn-Stationen, hauptsächlich auf den Linien U 6 und U 7. An der Bockenheimer Warte signalisiert ein schräg in das Straßenpflaster gerammter historischer Trambahnwagen den Eingang zur Station; ihre Wände sind mit riesigen Schwarzweiß-Fotos aus dem Studentenalltag dekoriert. Am Zoo grüßen Krokodile, Elefanten und anderes Getier aus Beton bzw. Kacheln den Fahrgast; die Tunnelröhre schmücken zudem fröhlich-bunte Arche-Noah-Motive. An der Habsburger Allee bilden Esel in Computerbildmanier ein gut 100 m langes Mosaik. Am Parlamentsplatz illustrieren und karikieren Scherenschnitte unsere Konsum- und Warenwelt.

Warten und Türme

Nicht nur eine Stadtmauer mit Wall, Wassergraben und mehr als fünfzig Türmen sicherte Frankfurt seit dem Mittelalter. Auch das Gebiet außerhalb der Stadt war seit dem 15. Jh. durch einen Befestigungsgürtel geschützt. In dieser Landwehr lagen fünf Wach- und Wehrtürme. Erhalten sind die Friedberger und die Sachsenhäuser Warte (beide als Restaurant) sowie die Bockenheimer Warte (Entlüftungsstation). Der Eschenheimer Turm (1428), Deutschlands schönster gotischer Turm, gehörte zum dritten Stadtring und birgt heute ein Bistro im Sockel. Der Kuhhirtenturm ist der letzte von ehemals neun Türmen um Sachsenhausen. Der Komponist Paul Hindemith wohnte hier 1923–1927; er war damals als Konzertmeister an der Oper Frankfurt engagiert. In dem Turm schrieb er seine Oper »Cadillac« und das »Marienleben«. Am Rand des Stadtwaldes in Sachsenhausen steht der 1931 errichtete Goetheturm. Mit seinen 43 m ist er einer der höchsten hölzernen Aussichtstürme Deutschlands. Er bietet einen herrlichen Blick auf die Skyline und den Frankfurter Grüngürtel. An seinem Fuß wurden in den 50er-Jahren zwei Waldspielparks angelegt. Es gibt eine Gaststätte und einen Kiosk. *Sachsenhäuser Landwehrweg, Bus 30/36 Sachsenhäuser Warte*

KIRCHEN

Alte Nikolaikirche **[101 E4]**

1264 erstmals urkundlich erwähnt, war die königliche Hofkirche im 15. Jh. Mittelpunkt der städtischen Almosenpflege und wurde als Ratskirche genutzt. Nach ihrer Aufstockung erhielt sie eine gotische Dachgalerie (1476), von welcher aus die Ratsherren bei den verschiedenen Festlichkeiten auf dem Römerberg zusahen. Vor ihren Mauern entstand in hölzernen Wechselstuben Frankfurts Bankenwesen. Im Inneren befinden sich u. a. die Grabsteine von Siegfried zum Paradies und Katharina Netheha zum Wede, ausgeführt von Madern Gerthner (1410/20). Vom Turm ertönt jeweils mittwochs von 12.30 bis 13.30 Uhr ein Geläut aus vierzig Glocken, von einer Japanerin von Hand geschlagen. Die Alte Nikolaikirche ist die einzige evangelische Kirche in Frankfurt, die 365 Tage im Jahr geöffnet ist. Jeden ersten Mittwoch im Monat um 17 Uhr gibt es eine kostenlose Führung. *Am Römerberg 9, tgl. 10–20, im Winter 10–18, im Advent 10–21 Uhr, www.alte-nikolaikirche.de, U 4/5 Dom/Römer*

Kaiserdom **[101 E–F4]**

★ Hervorgegangen aus der karolingischen Salvator-Kapelle (852), war die St.-Bartholomäus-Kirche seit dem Mittelalter Wahlort der deutschen Könige. Von 1562 an wurden in ihr zehn deutsche Kaiser gekrönt. Das brachte ihr die Ehrenbezeichnung Dom ein – obwohl sie kein Bischofssitz war und bis heute nicht ist. 1867 brannte der gotische Hallenbau nieder; sämtliche Glocken schmolzen. Im Stil der Neugotik baute man ihn 1880 wieder auf. Erst damals wurde auch der 96 m hohe Turm vollendet, zu dessen Spitze 332 Stufen führen. Der Zweite Weltkrieg brachte erneut schwere Schäden am Dom; erst 1953 war er wieder hergestellt. Die historischen Ausmalungen wichen dabei schlichtem Weiß. Seit der Restaurierung zur 1200-Jahr-Feier Frankfurts 1994 bestimmt nun kräftiges Ziegelrot nach mittelalterlichem Vorbild die Wände und Pfeiler. Im Zuge dieser Restaurierung wurden im Dom auch archäologische Grabungen durchgeführt. Dabei entdeckten die Experten das Grab eines merowingischen Mädchens. Ihre Grabbeigaben sind im Dommuseum ausgestellt. Zu den Schätzen im Inneren der Kirche zählen der Bartholomäus-Fries (15. Jh.), das Chorgestühl (Mitte 14. Jh.), der Maria-Schlaf-Altar (1434) sowie die Kreuzigungsgruppe (1509). Vor dem Dom finden sich im archäologischen Garten die ältesten Spuren Frankfurts: Reste eines römischen Militärlagers mit Thermen sowie der karolingischen Königspfalz. *Domplatz 14, Dom: Mo–Do u. Sa 9–12, 14.30–18 Uhr (im Winter bis 17 Uhr), Führung tgl. 15 Uhr. Dommuseum: Di–Fr 10–17, Sa/So 11–17 Uhr, 2 Euro, www.dom-frankfurt.de, U 4/5 Dom/Römer*

Katharinenkirche **[101 D3]**

Frankfurts protestantische Hauptkirche steht an der Stelle des ehemaligen Jungfrauenklosters und Spitals des Deutschen Ordens. Am 9. März 1522 verkündete hier ein Schüler Martin Luthers die Reformation in Frankfurt. 1678–1681 schuf Melchior Häßler einen neuen, nachgotischen Saalbau mit Flankenturm und barocken Zierportalen. Georg Philipp Telemann amtierte von 1712 bis 1721 als Kirchenmusikdirektor. Goethe wurde in der Katharinenkirche getauft und konfirmiert. 1944 wurde die Kirche bis auf die Umfassungsmauern zerstört, 1950 bis 1954 wieder erbaut: außen detailgetreu, innen vereinfacht, mit modernen Glasgemälden biblischer Szenen von Carl Cordel. *An der Hauptwache, www.katharinenkirche.de, U-/S-Bahnen Hauptwache*

Leonhardskirche **[101 D4]**

Frankfurts erste Pfarrkirche, seit 1219 erbaut als flach gedeckte Basilika mit schlanken Zwillingstürmen. Sie sind ebenso erhalten wie das Hauptportal, das nach dem Umbau zur Hallenkirche ab 1425 in den Innenraum versetzt wurde. Bemerkenswert: das kleine Portal der Südseite mit einer Anbetung der Könige im Bogenfeld (um 1415), das Gewölbe des Salvator-Chores, der bayerische Hochaltar, ein flandrischer Marien- sowie ein Kreuzaltar (alle Anfang 16. Jh.). *Am Leonhardstor 25, U 4/5 Dom/Römer*

Liebfrauenkirche/ Kapuzinerkloster **[101 E3]**

Insider Tipp

Klosterhof und Kirche sind eine Oase im Citygewimmel. Das im Inneren schlichte Gotteshaus wurde um 1310 als Marienkirche am Rand der Stadt errichtet und in der Folgezeit ständig um- und ausgebaut. Von Bomben im Zweiten Weltkrieg zerstört, begann 1954 der Wiederaufbau der Kirche. Das Tympanonrelief mit der Anbetung der Weisen aus dem Morgenland (um 1425) schmückte einst das Portal an der

Südseite. *Liebfrauenstr. 4, U-/S-Bahnen Hauptwache*

Paulskirche **[101 E3]**

★ Kein Gotteshaus, sondern ein politisches Denkmal: als Stätte der ersten Deutschen Nationalversammlung 1848. Fast 800 Parlamentarier kamen hier, an der Stelle des einstigen Barfüßerklosters zusammen (wo u. a. der berühmte Maler Adam Elsheimer getauft wurde), um Deutschland eine liberale Verfassung zu geben. Ein Monumentalfries (32 m) des Berliner Malers Johannes Grützke erinnert seit 1991 mit historischen, zeitgenössischen, allegorischen und anekdotischen Szenen an den Einzug der Volksvertreter in die 1833 geweihte Saalkirche. Nach dem Zweiten Weltkrieg nicht originalgetreu rekonstruiert und Ende der 80er-Jahre erneut verändert, wird die Paulskirche heute v. a. für wichtige nationale Ehrungen genutzt: die Verleihung des Goethepreises z. B. oder des Friedenspreises des Deutschen Buchhandels. Im nüchternen Plenarsaal hängen die Flaggen aller Bundesländer. *Paulsplatz, tgl. 10–17 Uhr außer bei Veranstaltungen, U 4/5 Dom/Römer, Straßenbahn 11 Römer*

Historische Stätte: die Paulskirche

MAINBRÜCKEN & STEGE

Alte Brücke **[101 F4–5]**

Herzstück des historischen Handelswegs über den Main; bereits 1222 erstmals urkundlich erwähnt und lange Zeit die einzige feste Verbindung über den Fluss. Immer wieder zerstört und ausgebessert, wurde sie nun grundsaniert und bekam ein Brückenhaus: die neue Städelschule-Ausstellungsstätte *Portikus*. Die Kopie eines Rosenkranzkreuzes am Cityaufgang der Brücke erinnert daran, dass einst zum Tode Verurteilte von der Brücke gestoßen wurden. Die Insel vor den mit rotem Mainsandstein verkleideten Gewölbebögen ist Vogelschutzgebiet; regelmäßig machen hier Hunderte von Zugvögeln Halt. *Bus 30/36 Schöne Aussicht*

Eiserner Steg **[101 E4–5]**

Frankfurts Bürger finanzierten diese Fußgängerbrücke 1868/69 selbst vor und erhoben dann fast zwei Jahrzehnte lang Brückenzoll. Der Frankfurter Expressionist Max Beckmann setzte der eisernen Konstruktion mit seinem Bild »Eisgang auf dem Main« (Städel-Museum) ein künstlerisches Denkmal. Im Sachsenhäuser Brückenkopf ist eine Bar untergebracht. *U 4/5 Römer*

Holbeinsteg **[100 C6]**
Modernes Pendant zum Eisernen Steg, 1990 nach Plänen von Albert Speer realisiert. Die an Stahltrossen zwischen zwei blauen Pylonen aufgehängte Fußgängerbrücke führt vom Bahnhofsviertel direkt zum Museumsufer und ist abends effektvoll beleuchtet. *U-/S-Bahnen Hauptbahnhof*

PARKS & GRÜNANLAGEN

Bethmannpark/ Chinesischer Garten **[104 C3]**
Durch dicke Mauern vom Großstadtverkehr abgeschirmt, wurde die an Blumenbeeten reiche Oase auf dem einstigen Gartengelände der Bankiersfamilie Bethmann angelegt. Ursprünglich umfasste es auch das Areal um das Odeon *(Seilerstr.)*. Ein Schmuckstück ist der von Experten aus dem Reich der Mitte konzipierte Chinesische Garten (1989). Mit Teich, Brücke und drachengeschmücktem Stufenportal entspricht er den Gestaltungsprinzipien der Harmonielehre Feng Shui. *Bergerstr., U 4 Merianplatz*

Grüneburgpark **[103 F2]**
Hervorgegangen aus einem Gutshof der Metzlers, in dem schon Goethe verkehrte, ließen die Rothschilds den Park im 19. Jh. neu anlegen. Seit Kurzem birgt er auch einen original Koreanischen Garten, gestaltet nach den vier Jahreszeiten. *Grüneburgweg, Bus 36/75, Simon-Bolivar-Platz*

Insider Tipp

Günthersburgpark **[105 D–E 1–2]**
Das Gelände des ehemaligen Landsitzes der Familie Rothschild lädt mit seinem alten Baumbestand und vielen freien Wiesenflächen zum Relaxen ein. Es herrscht Hundeverbot, deshalb ist dieser Park gerade bei Eltern mit kleinen Kindern sehr beliebt. Besondere Attraktionen für Kids sind die Wasserspiele im Sommer und die ca. 10 m hohe Kletteranlage. *Wetteraustr./Comeniusstr., Straßenbahn 12 Hartmann-Ibach-Str., U 4 Bornheim Mitte*

Hauptfriedhof **[104 C1]**
Als englische Parkanlage konzipierte Stadtgärtner Sebastian Rinz den 1828 eröffneten Totenacker. Hinter dem prachtvollen klassizistischen Säulenportal liegen u. a. die Philosophen Arthur Schopenhauer und Theodor W. Adorno begraben, der Mundartdichter Friedrich Stoltze, der »Struwwelpeter«-Autor Heinrich Hoffmann, der Gehirnforscher Alois Alzheimer, die Schriftstellerin Ricarda Huch sowie Goethes »Suleika«, Marianne von Willemer. *Eckenheimer Landstr. 188–190, U 5 Hauptfriedhof*

Holzhausenpark **[104 B2]**
Bereits im 14. Jh. stand hier eine Wasserburg, die »Große Oed«. Seit 1503 war sie im Besitz derer von Holzhausen, eines der ältesten Patriziergeschlechter der Stadt. Im 18. Jh. machte die Familie ihr Landgut zum Hauptwohnsitz. Das Holzhausenschlösschen inmitten des Teichs wurde 1728 erbaut; es wirkt eher klassizistisch als barock. Inzwischen ist es städtisch, die Frankfurter Bürgerstiftung veranstaltet in den klaren Räumen Konzerte, Lesungen, Ausstellungen und Events für Kinder. *Holzhausenstr., www.holzhausenschloesschen.de, U 1–3 Holzhausenstr.*

Nizza [100 C5]

Frankfurts wärmste Ecke: Fast das ganze Jahr über blüht und grünt es auf dem bereits 1866–1875 angelegten Areal am Frankfurter Mainufer zwischen Untermain- und Friedensbrücke. Mehr als 150 exotische Gehölze wachsen hier im Schutz der Sandsteinmauern: Feigen, Bitterorangen, Zitronen- und Erdbeerbäume, Ginkgos, japanische Faserbananen etc. Jogger, Skater, Radfahrer und Spaziergänger genießen das mediterrane Uferflair und das kulinarische Angebot des Caférestaurants Nizza. *Untermainkai, U 1–5 Willy-Brandt-Platz*

Palmengarten [103 E2–3]

★ Eine der schönsten und größten botanischen Sammlungen Europas, 1868 von Frankfurter Bürgern begründet. Als Basis kauften sie die Kollektion tropischer Pflanzen des Herzogs von Nassau und ließen dafür das Palmenhaus errichten. In der Konstruktion aus Glas und Eisen kann man wie durch einen Dschungel streifen. Fast 30 ha Freilandanlagen und 10 000 m² Schauhausflächen gehören zum Palmengarten, außerdem Themengärten, Rosenschauen, das Tropicarium, ein Bootsweiher, eine Theaterbühne sowie eine Konzermuschel für Jazz und Kammeropern. Seit 2004 gibt es zudem links vor dem Haupteingang das Café Siesmeyer mit riesiger Sommerterrasse. *Palmengartenstr./Siesmayerstr. 61, Nov.–Jan. tgl. 9–16, Feb. 9–17, März–Okt. 9–18 Uhr, 5 Euro, www.palmengarten-frankfurt.de, U 6/7 Palmengarten, Bus 36 Grüneburgweg*

Zoo [105 D–E4]

★ Der Zoologische Garten, ebenfalls eine bürgerliche Gründung (1858), gehört zu den ältesten Tierparks der Welt. Bereits um 1900

Exotik mitten in Frankfurt – der Palmengarten

hatte er einen bemerkenswerten Bestand. Alles wurde 1944 in einer Nacht zerstört, nur 20 Tiere überlebten den Bombenhagel. Direktor Bernhard Grzimek machte durch seinen Einsatz für den Wiederaufbau (u. a. mit der TV-Sendung »Ein Platz für Tiere«) den Frankfurter Zoo international bekannt und zum Synonym für moderne Tierhaltung. Heute beherbergt er rund 4500 Tiere in 600 Arten. Besucher erleben sie fast wie in freier Wildbahn: Tiger und Löwen tummeln sich im Katzendschungel; in der Robbenanlage können Zwergseebären unter Wasser beobachtet werden. Einzigartig in Europa ist die Freiflughalle, in der Vögel und Menschen sich ungehindert bewegen können. Das Nachttierhaus gewährt ebenso spannende Einblicke wie das Exotarium. Darüber hinaus gibt es eine Affen-, Raubtier-, Nashorn- und Giraffenanlage sowie das Tierkinderhaus. *Alfred-Brehm-Platz 16, im Sommer tgl. 9–19, im Winter tgl. 9–17 Uhr, Nachttierhaus ab 9.30, Exotarium ab 10 Uhr, 8 Euro, jeden letzten Sa im Monat 6 Euro, www.zoo-frankfurt.de, U 6/7 Zoo*

STADTTEILE

Alt-Sachsenhausen [104–105 C–D6]

Kopfsteinpflaster, Fachwerkhäuser und mehr als hundert Kneipen. Das touristische Vergnügungsviertel *dribbdebach*, also »über den Bach« am anderen Mainufer, zwischen Dreieich- und Elisabethenstraße, hat nicht den besten Ruf. Preise und Leistung stehen selten in Einklang; oft ist die Stimmung aggressiv. Eine Wirtsinitiative versucht inzwischen, dem entgegenzuwirken. Einige traditionelle Apfelweinwirtschaften haben sich erstaunlicherweise mitsamt ihrer einheimischen Stammkundschaft gehalten zwischen all den Pubs, Pizzerien, Dönerbuden und internationalen Bistros. Ursprünglich lebten in dem Areal um die Ritterhöfe *(Große und Kleine Rittergasse, Paradies- und*

Entspannen & Genießen

Verwöhnrituale für Sie und Ihn im thailändischen Day-Spa

Bangkok am Main: Frank Hausselt, Halbthailänder und erfahrener Touristiker, holte original thailändische Relax-Atmosphäre nach Frankfurt. Seine allesamt in Bangkok ausgebildeten Mitarbeiter im *Ramayana Day Spa* hinter der Shoppingmeile Zeil sorgen mit Fußreflexzonen-, Rücken-, Nacken- oder traditioneller Thaimassage *(60 Min. 50 Euro)* für maximale Entspannung in kürzester Zeit. Aber auch um Schönheit und Styling kümmert sich das Team: Wie wäre es z. B. mit einem Peeling auf der Basis aromatisierter Öle, asiatischer Kräuter und Salzkristalle *(25 Euro)*? *Rama-yana Day Spa, Elefantengasse 1 (1. Etage), Tel. 60 62 79 76, www.rama-day-spa.de, U-/S-Bahnen Konstablerwache*

Klappergasse) Frankfurts Gärtner und Weinbauern. Schon im 16. Jh. wandelte sich jedoch aufgrund einer Klimaveränderung Frankfurts Reb- in eine Obstkultur; statt Wein schenkten die Gärtner nun selbst gekelterten Apfelwein aus. Ein grüner (Fichten)-Kranz über der Haustür signalisierte Frankfurtern wie Fremden, wo sie ihren Durst löschen konnten. Die Skulptur der »Frau Rauscher«, einer weiblichen Figur mit Gemüsekorb am Arm und Apfelweinbembel in der Hand, symbolisiert in der Klappergass' den einstigen wie heutigen Charakter des Areals. Unterhalb der Schänken, nahe dem Main, hatten sich die Lohgerber, Färber und Fischer angesiedelt. Dieser Teil des Viertels wurde im Zweiten Weltkrieg stark zerstört, der »bessere«, obere blieb verschont. Daher bietet Alt-Sachsenhausen bis heute ein geschlossenes mittelalterliches Bild. Auch jenseits der Elisabethenstraße, etwa im Abtsgässchen, finden sich noch historische Spuren. In der *Schollgasse 8*, unweit der neugotischen, für ihre Akustik berühmten Dreikönigskirche (1875–1881) und des Deutschordenshauses (Ikonen-Museum), steht das älteste Fachwerkhaus Frankfurts (1291); es wurde aufwendig restauriert. Die beiden Häuser am Affentorplatz wurden 1810 erbaut – als Wach- und Zollhäuschen. Denn Sachsenhausen besaß ab 1390 eine gemeinsame Stadtmauer mit Frankfurt – obwohl es stets ein Dorf mit eigenem Charakter blieb. Der Name der Affentorhäuser beruht übrigens auf einem Irrtum: »Zur Aue« hieß ursprünglich das Tor an dieser Stelle. In mittelalterlichen Handschriften lesen sich die Buchstaben u und v jedoch gleich. So wurde aus dem Auentor ein Aventor.

Traditioneller Apfelweinausschank in Alt-Sachsenhausen

Das Gebiet Sachsenhausens wurde schon seit der Steinzeit kontinuierlich besiedelt. Der älteste archäologische Fund aus dieser Gegend ist die Steinaxt von Sachsenhausen (ca. 2500 v. Chr.; heute im Archäologischen Museum). *Bus 30/36 Elisabethenstr.*

Richtig fit!

Immer am Wasser entlang – Laufen am Main und Schwimmen in Europas größtem Freibad

Frankfurts schönste Joggingstrecke verläuft am Südufer des Mains zwischen Friedensbrücke und Gerbermühle (ca. 3 km). Der Untergrund ist zwar weitgehend asphaltiert – dafür gibt's aber durchgängig einen tollen Ausblick auf den Fluss und die Skyline der Stadt. Alternative: die etwa gleichlange Runde (mit leichter Steigung) im Günthersburgpark auf feinem Kiesweg. Wer statt zu laufen lieber schwimmt, ist im Brentano-Bad richtig. Die grüne Oase mit weiten Wiesen und altem Baumbestand im Stadtteil Rödelheim ist Europas größtes Freibad: Allein das Schwimmerbecken ist gut hundert Meter lang *(Rödelheimer Parkweg, Tel. 21 33 90 19, U 6 Fischstein)*.

Bornheim **[105 E–F 1–2]**

Nach »Bernem«, ins »lustige Dorf«, begaben sich früher die Frankfurter zum Trinken, Tanzen – und zu gewissen Damen. Heute erstrecken sich die Lustbarkeiten in Frankfurts multikulturellem und am dichtesten besiedelten Viertel (1877 eingemeindet) auf eine große Anzahl von Cafés und Bistros, v. a. längs der Berger Straße. Hier ist am Uhrtürmchen mittwochs und samstags Markt; jenseits der Saalburgallee beginnt der älteste Teil der Straße und des gesamten Viertels. Winkelig und eng geht es hier zu, eine Hand voll uriger Apfelweinlokale sind hier angesiedelt. An der Berger Str. 341 steht das Alte Bornheimer Rathaus, ein schöner, inzwischen privat bewohnter Fachwerkbau. In der Spillingsgasse erhebt sich die »Zwibbelkersch« (Johanniskirche), ein barocker Kirchenbau mit Zwiebelturm (1778). Alljährlich im August erinnert die Bernemer Kerb, ein ausgelassenes Kirchweihfest, an den fröhlichen und feierfreudigen Charakter der Bornheimer. Am Bornheimer Hang *(zwischen Kettelerallee und Wittelsbacher Allee)* zeugt eine großflächige Wohnanlage im Stil der Neuen Sachlichkeit von den Architekturideen der 20er-Jahre. Für die Ausstattung der Wohnungen und Siedlungshäuschen sorgte die Architektin Margarete Schütte-Lihotzky; sie entwarf die berühmte, ergonomisch ausgeklügelte »Frankfurter Küche«: Auf engstem Raum birgt sie Arbeits- und Staumöglichkeiten und sogar ein integriertes Bügelbrett. Auf der Bornheimer Heide (heute Ostpark/ Eissporthallengelände) sprang Käthchen Paulus 1893 als dritte Frau der Welt mit einem Fallschirm aus einem Heißluftballon ab. *U 4 Bornheim Mitte*

Höchst **[0]**

»Villa hostat« nannten die Römer den 1928 eingemeindeten westlichen Vorort, als sie im 1. Jh. n. Chr. hier ein kleines Kastell erbauten, in dem Ziegel gebrannt wurden für die Stadt Nida (die heutige Römerstadt). Sein ältester, zum Fluss gelegener Teil weist noch eine geschlossene, behutsam restaurierte historische Bebauung auf mit verwinkelten Gassen und Fachwerkbauten. Besonders sehenswert ist das Dalberger Haus, in dem die 1786 gegründete Höchster Porzellanmanufaktur Verkaufsräume unterhält. Der Firmensitz und die Erlebnismanufaktur sind inzwischen in der Pallaskestr. 32 angesiedelt *(Führungen jeweils Di 10 und 15 Uhr, 5 Euro, Tel. 300 90 20, www.hoechster-porzellan.de)*. Dort wird der Entstehungsprozess von der Herstellung der Porzellanmasse über das Modellieren der Figuren bis zur Handmalerei gezeigt. Beachten sollten Sie außerdem das Kronberger Haus (Dependance des Historischen Museums Frankfurt), das Alte Rathaus und das Greifenclausche Haus (beides Renaissancesteinbauten mit Treppengiebeln) sowie die rekonstruierten Bauten Zum Anker und Zum Karpfen (ein ehemaliges Gasthaus, in dem schon Goethe speiste). Heute kehren Radfahrer, Rollerblader und Spaziergänger gerne bei den Wirten auf dem Höchster Schlossplatz ein. Das Schloss selbst wurde im Mittelalter als Zollburg errichtet. Die Mainschiffer mussten hier Tribut entrichten – denn Höchst zählte nicht zu Frankfurt, sondern zum Kurfürstentum Mainz. Heute ist im erhaltenen neueren Teil des Schlosses das Museum für Höchster Geschichte mit einer beispielhaften Porzellansammlung untergebracht sowie das Firmenmuseum der Farbwerke Hoechst, die die Geschicke des Ortes viele Jahrzehnte prägten. Alljährlich von Mitte Juni bis Mitte Juli bilden Schloss und Schlossplatz das Zentrum des Höchster Schlossfestes. Der schönste Blick auf das 790 erstmals urkundlich erwähnte (Alt)-Höchst bietet sich vom Fähranleger auf der Frankfurter Mainseite. Fast intakt präsentiert sich die historische Uferfront: Vom Ochsenturm im Westen, dem Schlossturm über das Maintor mit dem hinter der kleinen Bastion sichtbaren Zollturm bis hin zur ehemaligen Mainmühle beherrscht die vollständig erhaltene Stadtmauer aus dem 14./15. Jh. mit der darüber aufragenden Justinuskirche das Bild. Das Gotteshaus ist das älteste auf Frankfurter Stadtgebiet; es wurde ab 825 gebaut und 850 durch Rabanus Maurus geweiht. Nach Osten hin beschließt der über der Niddamündung gelegene Barockbau des Bolongaropalastes das malerische Ensemble. Der dreiflügelige barocke Bau wurde 1772–1775 für die Schnupftabakfabrikanten Josef Maria Markus und Jakob Philipp Bolongaro aus Stresa am Lago Maggiore gebaut. In den Prunkräumen ist eine Porzellansammlung ausgestellt; im Kapellensaal finden regelmäßig Konzerte und Lesungen statt. In Höchst ging übrigens Gustav Weißkopf zur Schule, dem noch vor den Gebrüdern Wright der erste Motorflug gelang. *Bolongaropalast, Bolongarostr. 109, Mo–Fr 9–15 Uhr; Schlossmuseen Mi–So 10–16 Uhr, Eintritt frei; S 1/2 Höchst, Straßenbahn 10/11 Zuckschwertstr.*

Römerstadt **[0]**

Eines der herausragenden bauhistorischen Beispiele der frühen Moderne in Deutschland – neben dem Bauhaus in Dessau und der Stuttgarter Weißenhofsiedlung. Frankfurts Stadtbaurat Ernst May konzipierte 1927/28 mit seinem Mitarbeiter Martin Elsässer die heute denkmalgeschützte Gartensiedlung am Niddaufer in Heddernheim im Rahmen des Projekts »Neues Frankfurt«, bei dem zwischen 1925 und 1930 rund 15 000 neue Sozialwohnungen geschaffen wurden. Das Ensemble liegt auf dem Areal des römischen Ortes Nida und verbindet das urbanistische Prinzip der englischen Trabantenstadt mit der Formensprache des rationalistischen Neuen Bauens. May schuf für die Römerstadt eine Komposition aus vorwiegend zweigeschossigen, kurvenförmig arrangierten Zeilen von Einfamilienhäusern. Ihren südlichen Abschluss bildet eine umlaufende Stützmauer mit bastionenartig vorspringenden Terrassen. Die schlichte Kubenform der Häuser hatte der Baurat, der wie Martin Elsässer in Ginnheim lebte, schon in anderen Stadtteilen verwendet. Ihr Grundriss war typisiert und rationell. Alle Häuser der Hadrianstraße sowie der Straßen Am Forum und An der Ringmauer (wo noch der Brunnen einer römischen Villa zu sehen ist) sind bis heute bewohnt. Insider Tipp Eines davon, das *Ernst-May-Haus,* kann jeden 1. Samstag im Monat von 15 bis 18 Uhr besichtigt werden *(Im Burgfeld 136, www.ernst-may-museum.de, U 1 Römerstadt).*

Westend **[100 A–B 1–3]**
Frankfurts Verlage, v. a. aber Banken, Versicherungen und Werbeagenturen haben sich in diesem einst großbürgerlichen, von zahlreichen jüdischen Familien bewohnten Viertel links und rechts der Bockenheimer Landstraße niedergelassen. Ende der 60er-, Anfang der 70er-Jahre kam es wegen des geplanten Abrisses der alten Villen zu heftigen Auseinandersetzungen zwischen Studenten und Spekulanten. Viele Häuser wurden von den Demonstranten besetzt, der gezielte Verfall gebremst. Heute stehen die meisten der Gebäude unter Denkmalschutz. In der 1896 erbauten Villa Bonn *(Siesmayerstr. 12)* hat die Frankfurter Gesellschaft für Handel, Industrie und Wirtschaft ihren Sitz, in die spätklassizistische Villa May *(Bockenheimer Landstr. 31)* zog ein Postamt ein. Andere historische Bauten beherbergen Boutiquen, Bars und Restaurants. Im Westend steht auch Frankfurts älteste Synagoge. *U 6/7 Westend*

STRASSEN & PLÄTZE

Freßgass' **[100 C2]**
Flanieren, Schlemmen und Snacken zwischen Alter Oper und Zeil, weitgehend vor historischen Fassaden und ungestört vom Autoverkehr. Akzentuiert wird die kurze Fußgängerzone durch die begehbare Brunnenanlage aus grauem Granit von Inge Hagen und eine dralle, steinerne Liegende. Im Sommer finden auf dem edlen Laufsteig ein Weinmarkt und das Freßgassenfest statt, beide beliebt als Firmen- und Flirttreff. *U-/S-Bahnen Hauptwache, U 6/7 Alte Oper*

Hanauer Landstraße **[105 D–F 4–5]**
»Silicon-Alley« und neue In-Meile für Kreative wie Clubgänger. Coole Shops für Designermöbel, Factory-Outlets für Business- und Freizeitklamotten, luxuriöse Autohäuser, IT-Büros und kühn designte

Werbeagenturen paaren sich hier mit angesagten Ausgehlocations in ausgedienten Fabrikgebäuden, v. a. am ehemaligen Unions-Gelände. Künstler finden auf der »Hanauer« und im angrenzenden Osthafenareal ungewöhnliche Arbeits- und Ausstellungsmöglichkeiten; das renommierte, in aller Welt konzertierende Ensemble Modern hat in der Schwedlerstraße sein Domizil. Unter dem Pflaster der ehemaligen Hauptader eines Arbeiter- und Industrieviertels ist die höchste Kapazität an Glasfaserkabeln in Kontinentaleuropa verlegt; hier liegt der größte Netzknoten der Bundesrepublik. Mehr als 85 Prozent des gesamten deutschen Internetverkehrs werden über ihn abgewickelt. *U 6 Ostbahnhof*

Kaiserstraße **[100 A–C 4–5]**

Lange Zeit nur Synonym für Rotlicht- und Drogenmilieu, zumindest in Bahnhofsnähe. Inzwischen dank der Sperrgebietsverordnung, die Prostitution und Pornoshops weitgehend in die Nebenstraßen verdrängte, mehr und mehr Einkaufsadresse. Die Qualität des Angebots steigt mit der Nähe zur Innenstadt; dienstags und donnerstags gibt es einen Wochenmarkt; eine schöne Ergänzung zum internationalen Angebot in der benachbarten Münchner Straße. Viele Häuser zeugen noch von der einstigen Pracht des Boulevards, der nach der Niederlegung des Cronstetten-Stiftes 1864 die Westorientierung der Stadt eröffnete. Der Fürstenhof an der Ecke Gallusanlage wurde entkernt, hinter der historischen Fassade entstanden edle Geschäftslokale. Außerdem etablierten sich in den Gründerzeitbauten hippe Bars und Szeneclubs; Künstler und Kreative zogen in die großen Wohnungen ein. Das English Theatre hat sein neues Domizil in einem Bankenhochhaus an der Kaiserstraße. Tagsüber ist sie eine beliebte Snackadresse für das nahe Bankenviertel. Am Kaiserplatz stehen der bislang höchste Wolkenkratzer der Stadt und das noble Traditionshotel Frankfurter Hof, davor sprudelt der Kaiserplatzbrunnen (1876). Einst lag am Rand des Platzes auch der Taunusbahnhof. Die Kaiserstraße endet am Roßmarkt, wo seit 1858 das Gutenbergdenkmal steht. Neben dem Erfinder der Buchdruckerkunst, Johannes Gutenberg, symbolisieren vier allegorische Figuren Theologie, Poesie, Naturwissenschaften und Industrie; die 14 Männerköpfe zeigen damals bekannte Drucker und Verleger. *U-/S-Bahnen Hauptwache/Hauptbahnhof*

Die Kaiserstraße, früher Rotlichtviertel, wird langsam schick

Alte Meister und Avantgarde

Frankfurts Museumsufer ist einzigartig. Aber auch auf der anderen Mainseite warten interessante Sammlungen

Frankfurts Museumslandschaft sucht ihresgleichen: Fast sechzig Sammlungen und Institute liegen innerhalb der Stadtgrenzen, viele am so genannten Museumsufer, dem Schaumainkai. Sammeln gehörte von jeher zu den Leidenschaften der Frankfurter Bürger. Zahlreiche Kollektionen datieren daher bereits aus dem 18. oder frühen 19. Jh., fast alle befinden sich in repräsentativen Räumlichkeiten, oft mit eigener Gastronomie. Die traditionsreichen residieren in noblen Villen und Gründerzeitbauten, für die neueren wurden zeitgenössische Stararchitekten wie Hans Hollein, Richard Meier, Peter Behnisch oder Oswald Mathias Ungers verpflichtet. Neben den städtischen Sammlungen existiert eine Vielzahl reizvoller Privatkollektionen. Da Kunst und Kommerz in der Handels- und Bankenstadt Frankfurt schon immer zusammengehörten, besitzen auch einige große Geldinstitute inzwischen eigene Sammlungen, die sie mitunter für Besucher öffnen. Außerdem hat sich eine rege Galerienszene etabliert (ca. 100), vor allem in der Umgebung des Museums für Moderne Kunst, des Kunstvereins und der Kunsthalle Schirn. Das Gros der Museen verfügt über einen eigenen Internetauftritt. Als Navigationseinstieg empfiehlt sich *www.kultur.frankfurt.de*, gute Galerienübersichten bieten *www.frankfurt-galerien.de* und *www.germangalleries.com* unter dem Stichwort Frankfurt. Ein günstiges Angebot ist das Museumsuferticket zum Preis von 12 Euro (für zwei Tage gültig in 26 Ausstellungshäusern). Am letzten Samstag des Monats ist der Eintritt in einigen städtischen Museen frei.

Die Kunsthalle Schirn bietet regelmäßig große und spektakuläre Ausstellungen

GALERIEN

Frankfurter Kunstkabinett [101 E3]

Traditionsreichste Galerie Frankfurts, aufgebaut von Hanna Bekker vom Rath, der Grande Dame der lokalen Kunstszene. Vorwiegend Zeitgenössisches und Klassische Moderne (u. a. Karl Schmidt-Rottluff, Max Pechstein). *Di–Fr 11–18, Sa 11–15 Uhr u. n. V., Braubachstr. 14–16, Tel. 28 10 85, www.frankfurter-kunstkabinett.de, U 4/5 Römer*

Deutsches Architektur-Museum: von Hütten und Wolkenkratzern

Martina Detterer **[105 D4]**
Renommierte Adresse für aktuelle Kunst von Malerei bis Plastik und Assemblage. *Di–Fr 13–18.30, Sa 11–14 Uhr, Hanauer Landstr. 20–22, www.detterer.de, S 1–6, 8/9 Ostendstr.*

Galerie F.A.C. Prestel **[101 E3]**
Alteingesessener Bilderhändler, vorwiegend zeitgenössische Malerei. *Di–Fr 11–18, Mi 11–20, Sa 11–16 Uhr, Braubachstr. 30, www.galerie-prestel.de, U 4/5 Römer*

MUSEEN

Archäologisches Museum **[101 D4]**
Funde aus der Römerstadt Nida-Heddernheim bilden den Kern der interessanten Sammlung in der ehemaligen Karmeliterkirche. Dazu geben Exponate aus sechs Jahrtausenden Auskunft über das Leben u. a. in der Frühzeit des Irans und Anatoliens. *Di u. Do–So 10–17, Mi 10–20 Uhr, 5 Euro, Karmelitergasse 1, www.archaeologisches-museum.frankfurt.de, U 1–5 Willy-Brandt-Platz, U 4/5 Römer*

Bibelhaus **[101 E6]**
Erlebnismuseum rund um das »Buch der Bücher« – vom Nomadenzelt bis zur aktuellen Multimediawelt. *Mi 10–20, Sa 10–17, So 14–18 Uhr, Metzlerstr. 19, www.bibelhaus-frankfurt.de, 5 Euro, Straßenbahn 15/16 Schweizer-/Gartenstr.*

Deutsches Architektur-Museum (DAM) **[101 D6]**
Als »Haus im Haus« im Innern einer umgebauten historischen Villa konzipiert, bietet das DAM einen Überblick über die menschliche Bau- und Siedlungsgeschichte von der Steinzeit bis zur Wolkenkratzerära. *Di, Do–So 10–17, Mi 10–20 Uhr, Schaumainkai 43, www.dam-online.de, 4 Euro, U 1–3 Schweizer Platz*

Deutsches Filmmuseum **[101 D6]**
★ Originalgeräte, Studioarchitektur, Tricktechnik (die man selbst ausprobieren kann) gewähren einen spannenden Einblick in die Welt der bewegten Bilder. Im angeschlossenen Kino laufen Filme unterschiedlichster Thematik und oft in der Originalsprache. *Di/Do/Fr 10–17, Mi/So 10–19, Sa 14–19 Uhr, Schaumainkai 41, www.deutsches-filmmuseum.de, 2,50 Euro, Sonderausstellung 4 Euro, Kombikarte 5,80 Euro, Kino 5,50 Euro, U 1–3 Schweizer Platz*

Dialogmuseum **[105 F5]**
Haus zur Endeckung des Unsichtbaren: In völlig dunklen Räumen führen blinde Menschen die Besucher durch eine Ausstellung mit Alltagssituationen, die ohne Augenschein eine völlig neue Erlebnisqualität erhalten. Auch gespeist werden kann in Finsternis: beim Dinner in the Dark. *Di–Fr 9–17, Sa/So 11–19 Uhr, Hanauer Landstr. 139–145, www.dialogmuseum.de, 10 Euro, Straßenbahn 11 Osthafenplatz, U 6 Ostbahnhof*

Insider Tipp
Explora Wissenschafts-Museum **[104 C2]**
Wissenschaft zum Anfassen und Mitmachen – von der optischen Täuschung über interaktive Kunstwerke bis hin zum Schallphänomen. *Di–So 11–18 Uhr, Glauburgplatz 1, www.exploramuseum.de, 9 Euro, U 5 Glauburgstr.*

Fotografie-Forum International **[101 F4]**
Hochkarätige Wechselausstellungen, themenbezogen oder von einzelnen Künstlern. *Di/Do/Fr 11 bis 18, Mi 11–20, Sa/So11–17 Uhr, Leinwandhaus (1. Stock), Weckmarkt 17, www.ffi-frankfurt.de, 4 Euro, U 4/5 Römer*

Hammer Museum **[100 B5]** Insider Tipp
Wie ein Alltagsgegenstand zum Kunstobjekt werden kann und was mithilfe eines Hammers wiederum alles entstehen kann: Bildhauer Oskar Mahler macht's deutlich in seinem Museum über der Schuhmacherwerkstatt von Wolfgang Lenz. *Mo–Fr 15.30–18.30 Uhr u. n. V., Münchener Str. 36, Tel. 24 00 96 43, www.hammermuseum.net, Straßenbahn 11/12 Münchener Str.*

Haus Giersch – Museum Regionaler Kunst **[108 B2]**
Forum für Kunst aus dem Rhein-Main-Gebiet. Schwerpunkt ist Frankfurter Kunst vom 19. bis ins frühe 20. Jh. *Di–Fr 12–19, Sa/So 11–17 Uhr, Schaumainkai 83, www.museum-giersch.de, 4 Euro, Straßenbahn 15/16 Otto-Hahn-Platz*

MARCO POLO Highlights »Museen«

★ **Museum für Moderne Kunst (MMK)**
Überblick über Schwerpunkte zeitgenössischer Kunst in architektonisch brillanter Hülle (Seite 42)

★ **Deutsches Filmmuseum**
Kino zum Anfassen – von seinen Kindertagen bis heute (Seite 38)

★ **Naturmuseum Senckenberg**
Alles, was auf Erden kreucht(e) und fleucht(e) (Seite 42)

★ **Städel-Museum**
Alte Meister, Werke der Moderne, exquisite Grafiksammlung und eindrucksvolle Wechselschauen (Seite 43)

Ikonen-Museum: Kultbilder hinter der Fassade des Deutschordenshauses

Heinrich-Hoffmann-Museum **[103 E3]**
Struwwelpeter-Ausgaben und -Parodien aus aller Welt sowie Dokumente zum Leben und Werk des Arztes und Literaten Heinrich Hoffmann (1809–1894). *Di–So 10–17 Uhr, Schubertstr. 20, www.struwwelpeter-haus.de, 1 Euro, U 6/7 Westend*

Historisches Museum **[101 E4]**
Frankfurts Geschichte vom Spätmittelalter bis ins 20. Jh.: Ratssilber, Münzen, Textilien, Grafiken, Gemälde und Kunsthandwerk.

Unter demselben Dach sind das *Kindermuseum* (stadt- und kulturgeschichtliche Themen speziell für Kinder konzipiert) und das *Museum für Komische Kunst – Caricatura* untergebracht. *Di, Do/Fr, So 10–17, Mi 10–20, Sa 13–17 Uhr, Saalgasse 19, www.historischesmuseum.frankfurt.de, 4 Euro, U 4/5 Römer*

Ikonen-Museum **[101 F5]**
Oswald Mathias Ungers konzipierte die Ausstellungsräume hinter der barocken Fassade des Deutschordenshauses. Den Sammlungsschwerpunkt Holzikonen ergänzen interessante Metallplastiken. *Di–So 10–17, Mi 10–20 Uhr, Brückenstr. 3–7, www.ikonenmuseum.frankfurt.de, 3 Euro, Sonderausstellungen 4 Euro, Bus 30/36 Elisabethenstr.*

Jüdisches Museum **[100 C5]**
Im Palais der Bankiersfamilie Rothschild zeichnen Fotos, Videos, Modelle und religiöse Kultgegenstände das Leben der jüdischen Bevölkerung in Frankfurt zwischen dem 12. und dem 20. Jh. nach. In der Dependance *Museum Judengasse* sind Relikte des ehemaligen Ghettos erhalten. *Di–So 10–17, Mi 10–20 Uhr, Untermainkai 14–15, www.juedischesmuseum.de, 4 Euro (Kombiticket mit Dependance 6 Eu-*

ro), U 1–5 Willy-Brandt-Platz; Museum Judengasse/Börnegalerie, Di–So 10–17, Mi 10–20 Uhr, Kurt-Schumacher-Str. 10, Eintritt 2 Euro, U-/S-Bahnen Konstablerwache

Kunsthalle Schirn **[101 E4]**
»Kegelbahn« tauften die Einheimischen die lang gestreckte Ausstellungshalle. Ihre eigenen Schauen bzw. die aus renommierten Häusern wie dem Musée d'Orsay, der Ermitage oder dem Guggenheim-Museum übernommenen Ausstellungen widmen sich vorwiegend der bildenden Kunst. *Di, Sa/So 10–19, Mi/Do 10–22 Uhr, Römerberg 6, www.schirn-kunsthalle.de, 8 Euro, U 4/5 Römer*

Kunstverein **[101 E4]**
Junge Kunst in alten Mauern – präsentiert in Galerienmanier, d. h. als Wechselausstellung mit Leihgaben aus aller Welt. *Di–So 11–19 Uhr, Markt 44, Steinernes Haus, www.fkv.de, 6 Euro, U 4/5 Römer*

Liebieghaus – Museum Alter Plastik **[108 B2]**
Meisterwerke plastischer Kunst. Die Palette reicht von ägyptischen, griechischen und römischen Skulpturen über das Mittelalter bis zum Klassizismus. Das Liebieghaus beherbergt Frankfurts schönsten Cafégarten. Im Sommer Konzerte und Gesangsabende. *Di–So 10–17, Mi 10–20 Uhr, Schaumainkai 71, www.liebieghaus.de, 4 Euro, Straßenbahn 15/16 Otto-Hahn-Platz*

Museum für Angewandte Kunst **[101 E5]**
Europäisches Kunsthandwerk vom 12. bis 21. Jh., Buchkunst und Kunsthandwerk aus Ostasien und des Islam, sogar Digital Craft – alles findet Platz in dem lichten Bau des New Yorker Architekten Richard Meier. *Di, Do–So 10–17, Mi 10–21 Uhr, Schaumainkai 17, www.museumfuerangewandtekunst.frankfurt.de, 5 Euro, Straßenbahn 15/16 Gartenstr.*

Frankfurt »erlesen«

Interessante Bücher zur Mainmetropole

Nicht die ganze Stadt, aber eines ihrer bewegtesten Viertel dient Martin Mosebach als Kulisse für seinen Nachkriegsroman »Westend«. Das gesamte Hier und Jetzt der Mainmetropole, inklusive schrägster Winkel und edelster Vorstandsetagen, durchstreift Privatdetektiv Kemal Kayankaya, der Protagonist von Jakob Arjounis prallen Krimis wie »Happy Birthday, Türke« und »Kismet«. Michael Altenburg alias Jan Seghers lässt sein spannungsvolles Morddrama »Ein allzu schönes Mädchen« ebenfalls im heutigen Frankfurt spielen. Nikola Hahn geht weit zurück in die Geschichte. Ihre »Detektivin« wie auch »Die Farbe von Kristall« spielen im späten 19. bzw. frühen 20. Jh. Oliver M. Schmitt rollt in »Die schärfsten Kritiker der Elche« auf vergnügliche Weise die Geschichte der Neuen Frankfurter Schule auf.

Die Rückseite des Museums für Moderne Kunst

Museum für Kommunikation [101 D6]

Ursprünglich das Bundespostmuseum, inzwischen zeitgerecht eingekleidet von Peter Behnisch und ausgestattet mit zahlreichen interaktiven Stationen. Der inhaltliche Bogen der Dauerausstellung spannt sich von den Anfängen der Nachrichtenübermittlung bis zur modernen Informationsgesellschaft. *Di–Fr 9–18, Sa/So 11–19 Uhr, Schaumainkai (Museumsufer) 53, www.museumsstiftung.de, 2 Euro, U 1–3 Schweizer Platz*

Museum für Moderne Kunst (MMK) [101 E3]

★ »Tortenstück« nennen die Frankfurter den dreieckigen Bau von Hans Hollein, der zur Heimat wurde für hochkarätige Werkgruppen amerikanischer und europäischer Kunst der 60er-Jahre aus der Sammlung Karl Ströher. Diese Werke (u. a. Roy Lichtenstein, Claes Oldenburg, Andy Warhol, Joseph Beuys) wurden ergänzt durch eine Kollektion internationaler, zeitgenössischer Kunst. *Di–So 10–17, Mi 10–20 Uhr, Domstr. 10, www.mmk-frankfurt.de, 6 Euro, U 4/5 Römer*

Museum der Weltkulturen/Galerie 37 [101 D5]

In der Galerie 37 zeigt das Haus Werke indianischer, afrikanischer, ozeanischer und indonesischer Künstler. IKAT, das interkulturelle Atelier, verknüpft als »Museum zum Anfassen und Ausprobieren« ethnologisches Fachwissen mit künstlerischen Aktionen. *Museum: Di, Do/Fr, So 10–17, Mi 10–20, Sa 14–20 Uhr, Schaumainkai 29–37, www.mdw.frankfurt.de, 3,60 Euro, Kombikarte 4,60 Euro; Galerie 37, 3,10 Euro, U 1–3 Schweizer Platz, Straßenbahn 15/16 Gartenstr.*

Naturmuseum Senckenberg [103 E4]

★ Dinoskelette, Fossilien aus der Grube Messel, afrikanische Vormenschenschädel – in mehr als 190 Jahren Sammlungsgeschichte kamen fast eine halbe Million Exponate aus allen Epochen der Erdgeschichte zusammen. Das größte, bedeutendste und wohl schönste Museum seiner Art in Deutschland. *Mo/Di, Do/Fr 9–17, Mi 9–20, Sa/So 9–18 Uhr, Senckenberganlage 25, www.senckenberg.de, 6 Euro, U 4/6/7 Bockenheimer Warte*

Portikus **[101 F5]**

Vom Ufer auf die Brücke: der neue Ausstellungsraum der Städelschule präsentiert in gewohnter Manier aktuelle Arbeiten bekannter Künstler und bedeutsame junge Positionen. *Di–So 11–18, Mi 11–20 Uhr, Alte Brücke 2, Maininsel, www.portikus.de, U-/S-Bahnen Konstablerwache, Bus 30/36 Schöne Aussicht*

Städel-Museum **[100 C6]**

★ Alte Meister und Werke der Moderne stehen im »Städel« in einem spannenden Dialog. Berühmte Vertreter der Vergangenheit sind u. a. Jan van Eyck, Johann Heinrich Tischbein, Auguste Renoir und Edouard Manet; die frühe Moderne vertritt eindrucksvoll Max Beckmann. Wechselnde Sonderausstellungen bereichern die hochkarätige ständige Sammlung, deren historischer Kern sich der Stiftung des Frankfurter Kaufmanns und Kunsthändlers Johann Friedrich Städel verdankt. Das »Städel« besitzt auch rund 600 Skulpturen, von denen nur ein kleiner Teil ausgestellt ist. *Di, Fr–So 10–18, Mi/Do 10–21 Uhr, Schaumainkai 63, www.staedelmuseum.de, 6 Euro, Kombiticket Galerie/Sonderausstellungen 8 Euro, Straßenbahn 15/16 Otto-Hahn-Platz, Bus 46 Städel*

Stoltze-Museum **[101 E3]** Insider Tipp

Frankfurts Mundartdichter Friedrich Stoltze (1816–1891) in all seinen Facetten – vom humorvollen Poeten bis hin zum politischen Satiriker und Herausgeber der satirischen Zeitung »Frankfurter Latern«. *Mo–Fr 9.30–17, Mi 9.30–20 Uhr, Töngesgasse 34–36, Eintritt frei, U-/S-Bahnen Hauptwache*

Begegnungen der etwas anderen Art im Naturmuseum Senckenberg

Handkäs', Hummer und hippe Snacks

Frankfurt trägt den vielen Nationalitäten seiner Bürger auch kulinarisch Rechnung: Die halbe Welt ist auf den Tellern der Mainmetropole anzutreffen

Genuss wird in Frankfurt groß geschrieben. Man isst hier seit Urgedenken gern, liebt die gastliche Geselligkeit und legt Wert auf Qualität. Bereits im Mittelalter verwandelte sich Frankfurts Samstagsberg, der heutige Römerberg, regelmäßig in einen üppigen Markt. Obst, Gemüse, Backwaren, Fleisch – alles war im Angebot. Für die Metzger gab es sogar feste Stände. »Schirn« nannte man sie. Daher trägt die inzwischen auf ihrem Areal stehende Kunsthalle ebendiesen Namen. Auch die »Freßgass'« (offiziell: Kalbächer Gasse/Große Bockenheimer Str.) verweist auf die historische Gaumenlust in der Stadt. Schon früh siedelten an ihrem Saum Fleischhauer und Feinkosthändler. Inzwischen nähren sich Shopper und Banker hier auch an feinen Imbissständen, Gleiches gilt für die benachbarte Schillerstraße. Auch in den Lebensmittelabteilungen und den Essmeilen der großen Kaufhäuser geben sich Snackschlemmer ein Stelldichein. Samstags treffen Edel und Bodenständig dann aufeinander beim Erzeugermarkt auf der Konstabler und natürlich in der Kleinmarkthalle (»Klamakthall«), seit den 60er-Jahren das Einkaufsparadies aller Hobbyköche und Gourmets. Wie in einem Brennglas bündelt sie den internationalen Charakter der Stadt. Hier gibt es Salate aus den Oberräder Gärten, türkisches Fladenbrot, griechischen Schafskäse, spanische Oliven, arabische Mezze, Thai-Gemüse, Trüffel aus Alba und Austern von der Atlantikküste. Wem der Magen knurrt, der beruhigt ihn gleich an Ort und Stelle mit einer heißen Gref-Völsings, der berühmten Frankfurter Rindswurst, oder schaut beim Wildhändler im Pagodenzelt nach dem Tagesangebot.

Main Tower-Bar: stilvoll speisen in 200 m Höhe über Straßenniveau

Dem Charakter der Kleinmarkthalle entspricht jener der Frankfurter Gastronomielandschaft: Nahezu alle Aromen der Welt sind hier vertreten. Kreative Exotik, französische Raffinesse, italienische Schlichtheit (oft auf höchstem Niveau) und natürlich die deftige Frankfurter Apfelweinküche bieten Genuss in vielerlei Variationen. Junge Herdkünstler und renommierte Sterneköche kitzeln den Gaumen mit ihren Kreationen, urige Wirtshäuser, Designerrestaurants und

Typische Frankfurter Apfelweingeselligkeit – mit Stöffche und deftiger Kost

klassische Weinstuben existieren friedlich nebeneinander.

APFELWEINWIRTSCHAFTEN

Insider Tipp **Buchwald** [105 F1]
Apfelweinkultur mal etwas anders: mit Hessen-Tapas und »Schobbe«-Sorten wie Schlehe oder Quitte. Probieren Sie die Krautlasagne mit Leberwurstsauce oder die Kartoffelbreivarianten. *Tgl. ab 17 Uhr, Buchwaldstr. 22 a, Tel. 46 00 32 72, www.der-buchwald.de, U 4 Bornheim-Mitte, Bus 38 Panoramabad*

Lorsbacher Thal [109 D1]
Eines der wenigen verbliebenen Apfelweinlokale in Alt-Sachsenhausen; urig, deftig mit Hofgarten. *Tgl., Große Rittergasse 49, Tel. 61 64 59, S 2–6 Lokalbahnhof*

Wagner [108 C2]
Frankfurter Institution, fast immer voll. Die Tuchfühlung mit dem Tischnachbarn ist garantiert. Ausschließlich Apfelweinkost. *Tgl., Schweizer Str. 71, Tel. 61 25 65, U 1–3 Schweizer Platz*

Zur Sonne [105 F1]
★ Zeitgenössisches und Traditionelles aus ausgesuchten Produkten; zwei urige Stuben, großer Garten. *Tgl., Berger Str. 312, Tel. 45 93 96, U 4 Bornheim Mitte*

CAFÉS & CO.

Altes Café Schneider [101 D3]
Unglaublich, aber wahr: Seit Jahrzehnten ist hier alles unverändert, gediegen bürgerlich, sympathisch. Tolle Kuchen, eigene Pralinen, aber teuer. *Tgl., Kaiserstr. 12, Tel. 28 14 47, U-/S-Bahnen Hauptwache, U 1–3 Willy-Brandt-Platz*

Café Crumble [103 D3] Insider Tipp
Fast wienerisch anmutendes Etablissement, benannt nach dem

hausgemachten Streuselkuchen. Es gibt zudem Superfrühstück, Ziegenkäse-Crostini, Salat und andere Kleinigkeiten. Lauschiger Sommergarten. *Mo–Fr ab 8, Sa/So ab 9 Uhr, Kiesstr. 41, Tel. 71 58 87 38, U 4/6/7, Straßenbahn 16 Bockenheimer Warte*

Café Karin **[101 D3]**

Trubeliger Treff für Studentenvolk und Szenetypen. Vom (späten) Frühstück mit Ovomaltine und Kokosquark bis zum Absacker um 2 Uhr nachts. Großes Angebot an selbstgemachten Kuchen und Torten. *Tgl., Großer Hirschgraben 28, Tel. 29 52 17, www.cafekarin.de, U-/S-Bahnen Hauptwache*

Café im Kunstverein **[101 E4]**

Kunst zum Draufsetzen – schnörkellos. Dazu einen Latte Macchiato, Zeitungen aus aller Welt und Panoramablick. *Mo geschl., Markt 44, Steinernes Haus, Tel. 219 31 40, U 4/5 Römer*

Fellini **[108 C2]**

Kurzurlaub in Italien – mit Espresso, Prosecco und Pasta an der engen Bar bzw. bei gutem Wetter auf der Straßenterrasse. *So geschl., Schweizer Platz, Tel. 96 23 08 17, U 1–3 Schweizer Platz*

Laumer **[100 A1]**

Schon Max Horkheimer und Theodor Adorno hockten hier beim Kaffee; der edle Kuchen und das Gärtchen machen den Schürzendamenservice wieder wett. Kleiner Sommergarten. Pralinen aus eigener Herstellung. *Tgl., Bockenheimer Landstr. 67, Tel. 72 79 12, www.cafe-laumer.de, U 6/7 Westend*

Lesecafé **[108 C2]**

Das lauschige Hinterhofcafé mit angegliederter Buchhandlung ist Treffpunkt für Leseratten jeden Alters und junge Mütter. Freundliches Glaskuppelambiente. *Tgl., Diesterwegstr. 7, Tel. 62 14 28, U 1–3 Schweizer Platz*

MARCO POLO Highlights »Essen & Trinken«

★ **Diamonds + Pearls**
Ein kulinarisches Juwel am Rande der Zeil (Seite 50)

★ **Cyrano**
Mediterranes und Bodenständiges in höchster Güte (Seite 49)

★ **Silk**
Speisen auf weißen Lederliegewiesen. Gereicht werden feinste Happen – zuweilen mit Stickstoffshow (Seite 50)

★ **Zur Sonne**
Schönster Apfelweingarten der Stadt (Seite 46)

★ **L'Emir**
Libanesische Köstlichkeiten in unübertroffener Fülle (Seite 49)

★ **Opera**
Gold und Stuck über den Köpfen, Edelkost auf dem Teller – und ein fast majestätischer Balkon (Seite 49)

Die Gourmettempel von Frankfurt

Ernos Bistro **[103 F3]**
Klassische französische Küche mediterraner Prägung in fast privatem Weinstubenambiente mit rotkarierten Tischdecken und dunkler Wandvertäfelung. Vom Holztresen lockt das herrliche Käsesortiment. Noch umwerfender sind die Schätze des Weinkellers, den Eric Huber mit Hingabe pflegt. *Sa/So geschl., Liebigstr. 15, Tel. 72 19 97, www.ernosbistro.de, U 6/7 Station Westend, Hauptgericht ab 38 Euro*

Tiger-Restaurant **[100 C4]**
Martin Göschel bringt vordergründig Einfaches auf oft verblüffende Weise zu höchster Perfektion, sei es grünen Gazpacho, Lasagne von glacierten Pfifferlingen oder Strudel aus Gänsestopfleber. *So/Mo und mittags geschl., Heiligkreuzgasse 16–20, Tel. 92 00 22 25, www.tigerpalast.de, U-/S-Bahnen Konstablerwache, Menü ab 68 Euro*

Villa Merton **[103 E2]**
Wohlüberlegt gestaltet Hans Horberth Klassisches neu. Dafür verlieh der Michelin der Küche des dezent-eleganten Anwesens im Diplomatenviertel einen Stern. Kostprobe: marinierte Jakobsmuscheln mit Steinpilzen auf Curry-Lauch, Lamm in Ciabattakruste mit Rucola-Polenta, Tannenhonigeis mit Süßholzpuder. Jeden Dienstag gibt es den so genannten S-Tisch. An einem blanken Holztisch werden kleine Tellergerichte im Amuse-Bouches-Format serviert *(pro Stück ca. 8,50 Euro). Sa/So nur n. V., Am Leonhardsbrunn 12, Tel. 70 30 33, www.kofler-company.de, Bus 32 Dittmarstr., Menü 98 und 110 Euro, Mittagstisch 30 Euro*

Insider Tipp

Restaurant Français **[101 D4]**
Küchenchef Patrick Bittner macht Essen immer wieder zum Fest der Sinne, mit außergewöhnlichen Ideen wie Perlhuhn-Ei mit grünen Kräutern und Arganöl oder Wolfsbarsch in der Gewürzkruste. Viele Bio- und Regionalprodukte. *Sa/So geschl. außer zu Messezeiten, Kaiserplatz 1 (im Hotel Frankfurter Hof), Tel. 21 51 38, U 4/5 Willy-Brandt-Platz, Menü ab 102 Euro, Lunch ab 35 Euro*

Metropol **[101 F4]**
Angesagte, daher – trotz beachtlicher Größe – meist knallvolle Location. Vom Süppchen bis zum leckeren Kuchen geht alles, aber schön langsam. Bei schönem Wetter speist man herrlich auf der großen Sonnenterrasse. *Mo geschl., Am Weckmarkt 13–15, Tel. 28 82 87, U 4/5 Römer*

Teelirium **[105 D3]**
Insider Tipp
Rauchfreie Teelounge mit ungewöhnlichen Kreationen, in der es aber auch Kaffee und Trinkschokolade gibt, frische Scones, Kuchen und weitere Leckereien für Frühstück und Snack. Einfach Tee erleben! *Tgl. 9–23 Uhr, Berger Str. 104, Tel. 48 00 57 94, www.teelirium.com, U 4 Höhenstr.*

Wacker's **[101 E3]**
Frankfurts ältestes Kaffeegeschäft mit einer Handvoll Tische in Verlängerung des Verkaufstresens zum gemütlichen Probieren von Arabica oder Wiener Mischung. Während der Mittagspause und an Samstagen rappelvoll. Kaffeegenuss auch an Stehtischen auf dem Bürgersteig. *Tgl., Kornmarkt 3–4, Tel. 28 78 10, U-/S-Bahnen Hauptwache*

RESTAURANTS €€€

Cyrano **[105 D2]**
★ Milan Seidenfaden, Ex-Chef des »Français« im Frankfurter Hof, verwöhnt abseits allen Trubels in seinem kleinen, schnörkellosen Lokal (viel Frischluft im Sommer) mit leichten mediterranen Kreationen und individuell interpretierten Bodenständigkeiten. *Tgl. ab 19 Uhr, Leibnizstr. 13, Tel. 43 05 59 64, www.cyrano-restaurant.de, U 4 Höhenstr.*

L'Emir **[100 B4]**
★ Die Gegend ist nicht die beste, aber was da an Köstlichkeiten aus Nahost in die Schüsseln und auf die Teller kommt, sucht seinesgleichen. *Tgl., Weserstr. 17, Tel. 24 00 86 86, www.lemir.de, U-/S-Bahnen Hauptbahnhof*

Estragon **[104 B3]**
Feine französisch-mediterrane Küche für maximal 30 Gäste. Südliche Sonnentöne an den Wänden und ein winziges Sommergärtchen fast noch im Herzen der Stadt. *So geschl., Jahnstr. 49, Tel. 597 80 38, www.estragon-ffm.de, U 1–3 Eschenheimer Tor*

Iroha **[101 D4]**
Das A und O japanischer Kulinarik – die Bürger Nippons fühlen sich in den hellen Souterrainräumen mit Sushibar, Teppansalons und traditionellen Washitsu fast wie zu Hause. *Tgl., Bethmannstr. 35, Tel. 21 99 49 30, www.iroha-frankfurt.de, U 1–3 Theaterplatz*

Opera **[100 C2]**
★ Einen prachtvolleren Rahmen gibt es wohl kaum für Lunch oder Dinner: Das Foyer in der ersten Eta-

Im Wacker's trifft sich die Frankfurter Business-Szene zur Mittagspause

ge der Alten Oper besticht durch historischen Prunk und kulinarische Klassiker wie Trüffelravioli, Perlhuhn oder Meeresfrüchteplatte. *Tgl., Opernplatz 1, Tel. 134 02 15, www.opera-restauration.de, U 6/7 Alte Oper*

Osteria Enoteca **[102 A2]**
Kaninchenrücken auf Zolfini-Bohnencreme, geschmorte Kalbsbrust mit Maispolenta, Etui von Sardellen, Auberginen, Äpfel und Korinthen mit Salsa von schwarzem Öl – Carmelo Greco kocht Italienisches vom Feinsten. Dazu Weine von hoher Qualität und edles Ambiente. *So geschl., Arnoldshainer Str. 2, Tel. 789 22 16, www.osteria-enoteca.de, Bus 34 Lorscher Str., S 3–5 Rödelheim*

Silk **[0]**
★ Genuss im Liegen: Auf weißen Lederbettsegmenten gibt's ein (wechselndes) asiatisch-mediterran inspiriertes Dinnermenü mit ca. einem Dutzend exquisiter Kreationen als Happen und in Hörnchen, kreiert von dem aus Österreich stammenden Koch Mario Lohninger. *So/Mo geschl., Carl-Benz-Str. 21, www.cocoon-club.net, Tel. 90 02 00, Straßenbahn 11/12 Dieselstr., Bus 40/939 Carl-Benz-Str.*

RESTAURANTS €€

Blumen **[105 D2]**
Winziges Lokal ohne Karte, jedoch mit höchst kreativem jungem Küchenchef. Er kombiniert z. B. Rotzunge mit knackigen Kohlrabischeiben, Rotkraut mit Kreuzkümmel und Tamarinde oder Friséeund Löwenzahnsalat mit Elchschinken und Kürbis-Ingwer-Chutney. Ab ca. 22.30 Uhr wird das Lokal zur Szenebar. *So–Di geschl., Rotlintstr. 60, Tel. 49 08 65 10, Straßenbahn 12, Rotschildallee*

Diamonds + Pearls **[101 E2]**
★ Gregor Nowaks hat bei ganz Großen seiner Zunft gelernt, nun verwöhnt er in dezentem Retro-Wohlfühlambiente etwa mit lauwarmem Semmelknödelsalat oder fruchtigem Orangen-Safran-Risotto – allerdings nur zur Mittagszeit. Denn abends mutiert das Lokal zur trendigen Bar mit Fingerfood. *So geschl., Carl-Theodor-Reiffenstein-Platz 6, Tel. 94 94 28 64, www.dp-frankfurt.de, U-/S-Bahnen Konstablerwache*

Emma Metzler **[101 E5]**
Unprätentiöse Kulinarik auf recht hohem Niveau, die auch mal vor Schweineschmalz nicht Halt macht. Das Ganze spielt sich ab im modern-schlichten Ambiente des Museums für angewandte Kunst. *Mo geschl., Schaumainkai 17, Tel. 61 99 59 06, www.emma-metzler.com, Straßenbahn 14/16 Schweizer-/Gartenstr., Bus 46 Eiserner Steg*

Esszimmer **[103 F2]**
Fleischlos fein auf der Basis frischer Bioprodukte speist man in diesem eleganten und rauchfreien Westend-Bistro. Mittags stellen sich Gäste ihr Wunschgericht an der Theke zusammen, abends gibt es zusätzlich ein À-la-carte-Angebot. Die Schoko-Trüffelcreme kommt dabei ebenso edel daher wie die Weinauswahl. *Sa/So geschl., Grüneburgweg 89, Tel. 71 91 40 39, www.esszimmer-frankfurt.de, Bus 36 Simon-Bolivar-Anlage*

Indigo [100 B4]
Ein echter Stern unter den indischen Restaurants der Stadt. Schlichtes Ambiente, Tandoori-Spezialitäten und ayurvedische Genüsse. *Tgl., Taunusstr. 17, Tel. 23 39 83, www.in-indigo.com, S 1 bis 9 Taunusanlage*

Muschelhaus [101 E5]
Fast hundert Jahre widmeten sich die Köche hier nur Fisch und Meeresfrüchten. Dank neuer Besitzer haben die Wassertiere nun Konkurrenz bekommen von Lamm, Rind und Huhn. Die Portionen sind üppig wie bei Muttern; auch das Ambiente erinnert an das Heim der Eltern in den frühen Siebzigern. *So geschl. außer zu Messezeiten, Schulstr. 36, Tel. 66 36 84 94, Bus 30/36 Elisabethenstr.*

Orfeos Erben [103 D4]
Kino und Kantine nennt sich leicht untertrieben diese Institution. Vor und nach dem Film gibt's in dem Edelbistro Exotisches und Saisonales. Während der Film auf der Leinwand flimmert, kann man im Flugzeugsessel Fingerfood knabbern und ein Weinchen schlürfen. *Tgl., Hamburger Allee 45, Tel. 70 76 91 00, www.orfeos.de, Straßenbahn 16/17 Varrentrappstr.*

Pinienhof [108 C2]
Mediterrane Stimmung am Ende eines Sachsenhäuser Innenhofes. Liebevolles Landhausambiente, charmanter Service von Inhaberin Ursula Perras. Die Speisenpalette reicht von Florenz bis Nizza, manchmal sogar von Kapstadt bis Wellington. *Mo geschl., Tel. 61 32 37, Gutzkowstr. 43, www.pinienhof.de, U 1 bis 3 Schweizer Platz oder Südbhf.*

RESTAURANTS €

Abessinia [105 D4]
Fladenbrot statt Besteck, ganz wie in Äthiopien. Fürs Ful (Bohnenspezialität) gibt's aber einen Löffel. Modernes Afrika-Ambiente; Multikulti-People. *Tgl., Pfingstweidstr. 2, Tel. 43 91 08, U 6/7 Zoo*

Chairs [105 E2] Insider Tipp
Bodenständig und experimentell zugleich. Super Pasta- und Tapas-Kreationen, ordentliches Rumpsteak, feiner Fisch. Gegessen wird – nomen est omen – auf Designerstühlen in Gründerzeitambiente. *Tgl., Gronauer Str. 1, Tel. 48 44 69 22, U 4 Bornheim Mitte, Bus 34/38/43 Prüfling*

Frankfurter Küche [105 E5] Insider Tipp
Handkäskartoffeln mit Schmand und Speck, Grüne Sauce mit Rindswurst oder Ochsenbrust, aber auch »Himmel & Erd« kommen in der trendigen Eckkneipe auf den Tisch. Apfelwein und (Rohmilch-)Handkäs stammen aus dem Odenwald. *Tgl., Hanauer Landstr. 86, Tel. 43 05 68 78, www.frankfurter-kueche.de, U 6, Straßenbahn 11 Ostbahnhof*

Hake [103 D2] Insider Tipp
Galerie und Sandwichbar in einem Bockenheimer Hinterhof. Superleckere Wraps, auch vegetarisch. Zudem Salate und Tagesspecials. *So geschl., Tel. 707 79 28, Leipziger Str. 35, U 6/7 Leipziger Str.*

Kabuki [100 B4]
Japanische Teppan-Yaki-Meister agieren hier showreif an den heißen Platten. Wer wenig ausgeben will, muss allerdings die Lunchmenüs

Frankfurter Spezialitäten

Lassen Sie sich diese Köstlichkeiten gut schmecken!

Bethmännchen – Marzipankugeln mit drei Mandelblättchen garniert. Sie stehen der Legende nach für die verbliebenen drei Söhne der Bankiersfamilie Bethmann, aus der das Rezept stammt. Nach dem Tod des vierten Sohnes wurde ein Mandelblättchen der ursprünglich vier von der Kugel entfernt.

Frankfurter Kranz – lockerer Rührteigkuchen in Ringform, gefüllt mit Johannisbeergelee und Buttercreme

Grie Sos (Grüne Sauce) – kalte Sauce aus sieben frischen, grob gehackten Kräutern, Joghurt, Mayonnaise, saurer Sahne oder Quark, die angeblich schon im Hause Goethe auf den Tisch kam. Traditionell serviert mit Rindfleisch (Ochsenbrust) oder hart gekochten Eiern und Kartoffeln. Mutige paaren sie mit Shrimps.

Haddekuche – tatsächlich nur was für Menschen mit Biss: ähnlich würzig wie ein Lebkuchen, aber weniger weich und zum flachen Oval geformt. Gibt's nur beim »Brezelmann«, der mit seinem Korb voll salzigem Gebäck und mitunter eben auch Süßem (neben den Harten Kuchen meist Kokosmakronen) durch die Apfelweinwirtschaften zieht.

Handkäs' – mit oder ohne Musik, d. h. Zwiebel-Essig-Tunke. Der Kümmelanteil auf dem handtellergroßen, an den österreichischen Graukäse erinnernden Laib variiert von Null bis dick. Von Experimenten wie »flambiert« oder »mit Kürbiskernvinaigrette« sollte unbedingt abgesehen werden.

Haspel – gekochte Schweinshaxe, meist serviert mit Sauerkraut, einer Scheibe Brot oder Kartoffeln. In manchen Apfelweinlokalen eine echte Delikatesse.

Krebbel – so heißen am Main die Krapfen, egal ob gefüllt oder ungefüllt, glasiert oder bezuckert

Rippchen – meist gekochte, mitunter auch gegrillte Rippenpartie vom Schwein. »Rippche mit Kraut« gehört zu den Klassikern der Ebbelweiküche.

Schäufelche – das Schulterstück vom Schwein, vorwiegend gekocht, manchmal auch gegrillt. Ebenfalls ein Aushängeschild traditioneller Apfelweingastronomie.

Schneegestöber – angemachter Camembert oder Gervais. Je nach Wirt schon üppig mit Butter vermischt oder nur matt mit Paprikapulver bestäubt

wählen. *Sa/So nur abends geöffnet, Kaiserstr. 42, Tel. 23 43 53, U 1–5 Willy-Brandt-Platz*

Klosterhof **[101 D4]**
Rustikal sowohl im Ambiente wie auf dem Teller. Der Name hält, was er verspricht: klösterliche Kreationen wie Trappistenschnitzel und Bierfreuden von Schwarz bis Weizen. *Tgl., Weißfrauenstr. 3, Tel. 91 39 90 00, www.klosterhof-frankfurt.de, U 1–5 Willy-Brandt-Platz*

MoschMosch **[100 C2]**
Jungbanker, Smartshopper und die Angestellten der umliegenden Citybüros machen sich einträchtig an langen, hellen Holztischen her über große weiße Keramikschüsseln mit japanischen Ramen-Suppen. *Tgl., Luginsland 1, Tel. 13 38 81 81, www.moschmosch.com, U 6/7 Alte Oper*

Munderich's Schweizer-Röstihaus **[105 E2]**
Hier gibt es das Schweizer Nationalgericht mit allen erdenklichen Zutaten, ergänzt durch Suppen, Fisch und deftige Eigenkreationen des eidgenössischen Kochs. Alles stets frisch zubereitet. Die Wartezeit kann man mit Apfelwein aus der Familienkelterei überbrücken. *Mo geschl., Mainkurstr. 27, Tel. 44 82 30, U 4 Bornheim Mitte*

Mutter Ernst **[100 C3]**
Seit den Fünfzigern unverändert. Vor allem (Business-)Männer lieben die immergleichen paar Hausmannsgerichte, das Bier fließt bei Mutter Ernst reichlich. Samstags kehren Einkaufsbummler und Familien ein. *So geschl., Alte Rothofstr. 12, Tel. 28 38 22, U-/S-Bahnen Hauptwache*

Natur-Bar **[104 B3]**
Frischer Minztee, frisch gepresste Säfte, frische vegetarische Küche, selbst gebackenes Vollkornfladenbrot und Bioweine – allerdings ist das Ambiente nicht sonderlich kuschelig. Unbedingt probieren, auch wenn es sehr exotisch klingt: Austernpilze und Cashewkerne in Senfsauce auf Basilikum-Couscous. *So geschl., Oeder Weg 26, Tel. 55 44 86, U 1–3 Eschenheimer Tor*

Paris-Bar **[108 C2]** Insider Tipp
Wein plus Delikatessen lautet die Devise von Paris Kosmidis, wobei es zu den ausgesuchten Kreszenzen an den sechs Tischen nur kalte Küche gibt – vom Lachs bis zum Croissant, vom Kürbiskernschinken bis zum Bergziegenkäse mit Mostarda di Uva. *So geschl., Oppenheimer Landstr. 27, Tel. 96 23 38 11, U 1/2/3 Schweizer Platz*

Schandis **[104 C1]**
Orient satt: geschnitzte, flache Tischchen, bunte Wandteppiche, Wasserpfeifen. Die Auswahl der persischen Gerichte ist klein und bodenständig, die Portionen sind groß. *Tgl., Nordendstr. 2, Tel. 55 73 37, U 5 Glauburgstr.*

Walden **[101 D3]**
Modernes Kaffeehausrestaurant mit Weltküche. Platz genommen wird auf Designklassikern, im Sommer erweitert sich der lichte urbane Salon um eine riesige Sonnenterrasse. *Tgl., Kleiner Hirschgraben 7, Tel. 92 88 27 00, www.walden-frankfurt.com, U-/S-Bahnen Hauptwache*

ZEILGALERIE
Ein bißchen Zeilgalerie steht jedem!
ZEILGALERIE

Von edel bis trendy

Fashion, Schnäppchen, Design, Bembel und Riffelgläser – in Frankfurt findet sich alles

Als Shoppingmetropole konnte sich Frankfurt bisher nicht etablieren, trotz des Andrangs, der v. a. am Samstag auf der Zeil herrscht. Das gesamte Umland, einschließlich der benachbarten Bayern, strömt dann gerne zum Schauen und Kaufen in die moderne Fußgängerzone der Großstadt. Deutlich ruhiger geht es in den feinen Boutiquenstraßen jenseits der Hauptwache zu, zwischen Roßmarkt und Alter Oper. Hier bummelt die Businesswelt von Luxusadresse zu Luxusadresse. Die edelsten Namen internationaler Labels finden sich in der Goethestraße, im Steinweg und in der gleichnamigen Passage, in der Schillerstraße und in der Freßgass'. Ebenfalls Markennamen der besseren Klasse versammeln die untere Kaiserstraße sowie die Neue Mainzer Straße.

Ergänzend zu diesen vorwiegend noblen Shoppingmeilen in der City gibt es in den Stadtteilen eine Hand voll Einkaufsstraßen mit eigenem Charakter und oft eigenen Festen. Zu ihnen zählt u. a. die Schweizer Straße in Sachsenhausen. Boutiquenchic und Bodenständiges leben hier Tür an Tür; es überwiegt von Wohnaccessoires bis Lebensmittel jedoch das Trendig-Teure. Der Oeder Weg versucht sich ebenfalls in Zeitgeist mit einer Mischung aus Öko und Design. Die Berger Straße hingegen bietet ein ausgewogenes Szenario von kleinen Shops und Läden jeglicher Couleur, durchmischt mit einer Vielzahl von Cafés und Kneipen. Auf der Leipziger Straße im Studentenviertel Bockenheim sorgen Geschäfte aller Art für eine lebendige Atmosphäre, zunehmend prägen hier allerdings verschiedene Billigläden das Bild. Die Hanauer Landstraße ist *die* Adresse für Outlet-Stores. Und eine ganz besondere Szene hat sich in der Brückenstraße in Sachsenhausen entwickelt: schräge Jungdesigneradressen finden sich hier Tür an Tür mit alteingesessenen Versorgern wie Bäcker und Gemüsehändler.

Typisches Mitbringsel: ein Ebbelwei-Krug

Die ganze Palette postmoderner Architektur und Angebote in der Zeilgalerie

EINKAUFSPASSAGEN

Schillerpassage [101 D2]
Mode (Trendsetterladen *Hysterie*) und Kunst, Schuhe, Taschen und Leuchten; es gibt eine Kneipe und im *Mandala* Esoterisches. *Rahmhofstr. 2, U 1–3 Eschenheimer Tor*

Zeilgalerie [101 D2]
Auf sieben Ebenen sind 46 Geschäfte untergebracht: Mode und Verrücktes, Lifestyle und Restaurants. Auf Ebene 7 eine Diskothek, von der Dachterrasse, die bis 18 Uhr auch über den benachbarten Kaufhof zugänglich ist, Blick auf die Zeil. *Zeil 112–114, U-/S-Bahnen Hauptwache*

GESCHENKE & WOHN-ACCESSOIRES

Home & Office Shoppingbox [108 C2]
Winziger Laden mit schönen Dingen für die eigenen vier Wände, den Garten oder das Büro. *Schneckenhofstr. 7, U 1–3 Schweizer Platz*

Itaba [101 E3]
Beachtliche Auswahl an wunderschönen Objekten japanischer Tischkultur. *Töngesgasse 42, U-/S-Bahnen Hauptwache*

Katharina Király – handbemaltes Porzellan [104 B1]
Mokkatassen, Kaffeehumpen, Wandkacheln – Katharina Király verwandelt mit feinem Pinselstrich alles in individuelle Kunstwerke. Atelierbesuch nach telefonischer Anmeldung *(Tel. 55 71 81). Klettenbergstr. 1, www.kkiraly.de, U 1/2/3 Holzhausenstr.*

Lush [101 D2]
Kosmetik, die aussieht wie Kuchen. Das Angebot reicht von Apfelsaft-Minzseife bis zum Kaffee-Sahne-Schokobalm für die Massage. *Schillerstr. 5, U-/S-Bahnen Hauptwache*

Ordnungssinn [101 D3]
Vom Frühstücksbrettchen mit witzigen Aufdrucken über Weinaccessoires bis hin zum Bücherhalter – für fast jeden Anspruch gibt dieser Laden was her. *Bleidenstr. 3, www.ordnungssinn.de, U-/S-Bahnen Hauptwache*

Schmidts for men [108 C2] Insider Tipp
Alles, was das Männerherz begehrt, vom Rasierpinsel bis zum Modellauto, vom Fernglas bis zum Manschettenknopf. *Diesterwegstr. 1/ Eingang Gutzkowstr., U 1–3 Schweizer Platz*

Theissinger [101 D3]
★ Frankfurts älteste Adresse für edle Schreibgeräte. *Steinweg 7, U-/S-Bahnen Hauptwache*

2be [105 E2]
Das Designerduo Ballé und Engelhard kombiniert klassische Kleinmöbelunikate und Accessoires verschiedener Stilrichtungen des 20. Jhs. mit jungen Artikeln, die im Wohnbereich für humorvolle Funktionalität sorgen. *Wiesenstr. 28, U 4 Bornheim Mitte*

KULINARISCHES

Alsbach [101 F3]
Der Gewürzhändler mit dem größten Sortiment: Von Thailand bis Indien sind hier alle Aromen vertreten. *An der Stauffenmauer 11, U-/S-Bahnen Konstablerwache*

Bitter & Zart [101 E3]
Pralinen, Bonbons, Schokoladen – und frische heiße Trinkschokolade mit Chili zum Probieren. Und im Sommer zartschmelzende »Frankfurter Pflastersteine«. *Domstr. 4, U 4/5 Dom/Römer*

ider
pp **Confiserie Eube** [103 D3]
Minitorten in Hemd-, Comic- und Inselform oder in anderer ungewöhnlicher Gestalt. *Leipziger Str. 31, U 6/7 Leipziger Str.*

Öldorado [108 C3]
Ingrid Fingers Passion heißt Olivenöl – von Kleinbauern aus Frankreich, Italien, Spanien, Griechenland. Ein verstecktes Paradies für alle Ölgourmets in einem Sachsenhäuser Hinterhof. *Mörfelder Landstr. 109 a, U 1–3 Südbahnhof*

Whiskyspirits [101 F6]
Die Adresse für Singlemalts! Hunderte von Abfüllungen lagern in den Regalen, darunter auch Kostbarkeiten von der Isle of Islay. *Wallstr. 23, www.whiskyspirits.de, Bus 30/36 Elisabethenstr.*

MÄRKTE

Flohmarkt [100 C6]
Immer wieder heiß diskutiert zwischen Anwohnern, Stadt und privaten Organisatoren. Bis auf weiteres darf das bunte Trödeltreiben aber am Mainufer zwischen Holbeinsteg und Eisernem Steg bleiben. Auch wenn sich unter die angebotenen Kuriosa und Antiquitäten mal neue Teller, CDs oder Klamotten mischen. *Sa 8–14 Uhr, Schaumainkai, U-Bahnen Römer, Willy-Brandt-Platz und Schweizer Platz*

Kleinmarkthalle [101 E3]
★ Ob Handkäs' oder Halwa, persische Pistazien oder Oberräder Kartoffeln – hier ist alles versammelt, was ein echter Genießer zum Leben braucht. Im ersten Stock gibt's Edles vom Italiener und Franzosen; im Erdgeschoss werden neben Worscht, Weck und Viktualien

MARCO POLO Highlights »Einkaufen«

★ **Theissinger**
Stilvolle Füller von allen bekannten Marken (Seite 56)

★ **Tiffany**
Diamanten und Designerstücke. Aber kein Frühstück (Seite 60)

★ **Töpferei Maurer**
Bembel maßgefertigt und mit Sinnsprüchen versehen (Seite 61)

★ **Kleinmarkthalle**
Deftiges und Exotisches zum Kochen (Seite 57)

★ **Frankfurter Hutdesign Susanne Bänfer**
Gut behütet mit einer Menge Phantasie (Seite 58)

★ **Red Wing Shoes**
Die »roten Flügel« an den Füßen gibt's sonst nur in der Neuen Welt (Seite 60)

Genuss für alle Sinne bieten Frankfurts Stadtteilmärkte ebenso wie die zentrale Kleinmarkthalle

auch Blumen verkauft. Der Keller ist das Reich der lebenden Forellen, Zander, Saiblinge. *Mo–Fr 7.30–18, Sa 7.30–15 Uhr, Hasengasse 5–7, U-/S-Bahnen Hauptwache*

Wochenmärkte
Fast jeder Stadtteil hat seinen Wochenmarkt. Zu den schönsten zählt jener von *Bornheim* **[105 E2]** rund um das Uhrtürmchen *(Mi 9–18, Sa 9–14 Uhr)*. Mitten in der City zieht sich der *Schillerstraßenmarkt* von der Zeil bis zum Eschenheimer Turm *(Fr 9–18 Uhr, U-/S-Bahnen Hauptwache)*; auf der großen Freifläche der Konstablerwache breitet sich der *Erzeugermarkt* aus mit Produkten ausschließlich aus Hessen und dem nahen Bayern *(Do 10–20, Sa 9–16 Uhr, U-/S-Bahnen Konstablerwache)*. Jüngster Spross der Frankfurter Märktefamilie ist jener Insider Tipp auf dem Friedberger Platz **[104 C2]** – mit großem Wein(probier)stand und Würstchenbude *(Fr 10–20, Straßenbahn 12, Bus 30 Friedberger Platz)*.

MODE

Internationale Haute Couture, Frankfurter Design, Trendsetter und Klassiker – die Stadt gefällt sich in diesem Bereich fetzig und elegant, exklusiv und trendy.

Clopen **[105 E2]**
T-Shirts mit kultigen Sprüchen (z. B. Frankforder Mädsche, Bembel Babe) oder nach Kundenwunsch bedruckt. Dazu kühne Entwürfe und Taschen von Labels wie Saw Industries. *Berger Str. 288, www.clopen.de, U 4 Höhenstr.*

Delirium **[101 E3]**
Plattenladen mit hipper Modeabteilung, in der es auch angesagte Gürtel und Taschen gibt. *Töngesgasse 38, U-/S-Bahnen Hauptwache*

Frankfurter Hutdesign Susanne Bänfer **[104 B3]**
★ Phantasievolle Kreationen für das weibliche Haupt – passend zu jedem Anlass und für jede Jahres-

zeit. *Oederweg 25, www.hutdesign-frankfurt.de, U 1–3 Eschenheimer Tor*

Frauenbetriebe design **[103 D3]**
Fundgrube für ausgefallene, moderne und klassische Mode, Schmuck, Geschenkartikel, Papierwaren, Lederwaren und Accessoires. *Leipziger Str. 11 c, www.frauenbetriebe-online.de, U 6/7 Bockenheimer Warte*

Gate05 **[105 D3]**
Nur Fliegen ist schöner. Ungewöhnliche Airline-Taschen, Schlafbrillen, Papiertaschentücher und andere Accessoires nicht nur für Jet-People. *Bergerstr. 48, U 4 Merianplatz*

Heimspiel **[105 E3]**
Designshop und zugleich Galerie. Mode, Taschen, Accessoires und andere Kreationen von hippen Frankfurter Labels wie mainladen, ketchupundmajo, maedchen, charlotte am main oder tat & woi. *Wittelsbacherallee 59–61, www.heimspiel-ffm.de, U 4 Höhenstr., Straßenbahn 14, Bus 32 Habsburger-/Wittelsbacherallee*

Ichwareindirndl **[101 F5]**
Aus Alt mach Neu – das funktioniert kongenial in Sachen Klamotten ebenso wie für Homestyle u. a. *Brückenstr. 52, Bus 30/36 Elisabethenstr.*

Liebesdienste **[109 D2]**
Drei Minishops in einem: Friseur, Café, Boutique. Letztere mit wechselnder Mode- und Dessouskollektion sowie eigenem Lederlabel für Portemonnaies, Armbänder, Taschen. *Textorstr. 24, www.liebesdienste-am-main.de, S 2–6 Lokalbahnhof*

meimei **[105 D3]**
Mode von noch eher unbekannten Designern aus Polen, Italien, Belgien. Dazu findet man hier passende Schuhe, Ketten, Tücher. *Bergerstr. 58, U 4 Merianplatz*

Pearl Privateroom **[100 C2]**
Tüllbustiers, BHs mit Perlenborte, feinste Korsagen – die ungewöhnlichen Dessous von Simone Ricker lassen sich durchaus auch sichtbar zum Abendoutfit tragen. *Kleine Hochstr. 7, U 6/7 Alte Oper*

Roeckl **[101 D3]**
Der Handschuhspezialist schlechthin. Inzwischen führt das alteinge-

Frankfurts Luxusadressen bieten internationale Haute Couture

sessene Unternehmen aber auch feine Strümpfe für Ladies, Tücher und andere Accessoires. *Kaiserstr. 7, U-/S-Bahnen Hauptwache, U 1–5 Willy-Brandt-Platz*

Rosenrot **[108 C2]**
First- und Secondhand-Schnäppchen aus der Welt des Modedesigns, versüßt mit Latte Macchiato und frischem Kuchen auf der Terrasse. *Schweizer Str. 75, U 1–3 Schweizer Platz*

Insider Tipp **Sündige Mode** **[101 E3]**
Echte Schnürkorsetts sowie andere verführerische Teile in Lack und Leder bis Größe 54. Dazu passende Highheels und Accessoires. *Töngesgasse 7, www.suendige-mode.de, U-/S-Bahnen Konstablerwache*

Insider Tipp **Tragbar** **[109 D2]**
Eine Liebeserklärung an verrückte Taschen: aus Stoffen der 60er- und 70er-Jahre, aus Reissäcken, aus Lkw-Planen, aus Luftmatratzen... *Oppenheimer Str. 31, www.dasisttragbar.de, Bus 30/36 Elisabethenstr.*

Unikat Wooldesign **[100 A1]**
Exklusive Auswahl an Wolle, auch mit verschiedenen Beimischungen wie Seide oder Leinen sowie handgestrickte Kinderkleidung. *Liebigstr. 18, U 6/7 Alte Oper*

SCHMUCK

Feinform **[101 F4]**
Designerschmuck und Objekte von klassisch bis experimentell. Neben der eigenen Kollektion stellt die Goldschmiedemeisterin immer wieder auch Kollegenarbeiten vor. *Weckmarkt 3, U 4/5 Dom/Römer*

Tiffany **[100 C3]**
★ Im Parterre die Diamanten und Juwelen. Im ersten Stock »Designerware«: Taschen, Parfüms und exklusives Briefpapier, das auf Wunsch auch individuell gestaltet wird – in New York. *Goethestr. 20, U-/S-Bahnen Hauptwache*

SCHUHE

Auftritt **[108 C2]**
Schönes für weibliche wie männliche Füße – vom Camper bis zum eleganten Slipper. *Diesterwegstr. 26, U 1–3 Schweizer Platz*

Ludwig Reiter **[100 C3]**
Eine Kollektion vorwiegend klassischer Kreationen für Herren- wie Damenfüße von einem der traditionsreichsten Schuhmacher Wiens. *Luginsland 1, www.ludwig-reiter.com, U 6/7 Alte Oper*

Petra Dieler **[100 C3]**
Laufen wie auf Wolken – denn die topaktuellen, weitgehend handgefertigten Slipper, Sandalen, Sneaker nach den Entwürfen von Petra Dieler sind ausgeklügelt bequem. *Große Bockenheimer Str. 35, www.petra-dieler.com, U-/S-Bahnen Hauptwache*

Red Wing Shoes **[101 D3]**
★ Einziger Laden der Kultmarke in ganz Europa, mit Messdatenservice und mehr als zwanzig verschiedenen Größen bzw. Weiten. *Kornmarkt 6, www.redwing-frankfurt.de, U-/S-Bahnen Hauptwache*

SOUVENIRS

Typisch für Frankfurt ist das Trio Bethmännchen, Bembel und Riffelgläser. Letztere kauft man am besten in Spezialgeschäften oder fragt direkt bei einem Apfelweinwirt, erstere gibt es in guten Cafés und überall dort, wo auch Pralinen verkauft werden (Markthalle, Lebensmittelabteilungen der großen Kaufhäuser). Nette Mitbringsel sind auch Tassen und Teller mit Goethes Konterfei oder Goethezitaten (erhältlich im Goethehaus). Alternativ gibt es den Struwwelpeter auf Porzellan – oder eine Ausgabe desselben auf Hessisch (zu bekommen im Struwwelpeter-Museum). Weitere gute Ideen für eine kleine Erinnerung an Frankfurt findet man im *Frankfurt-Forum* zwischen Römerberg und Dom. Und sogar als Parfümduft lässt sich die Stadt mitnehmen (»Ville de Francfort 1732« oder »Goethes Rosenwasser«, beide über Parfümerie Albrecht in der Freßgass').

Confiserie Jamin **[108 C2]**
Das Rathaus auf der Zunge zergehen lassen: Jamin macht's möglich. Die Patissiers des Traditionsbetriebs haben die Römer-Praline kreiert, eine süße Erinnerung an Mainhattan. Insider Tipp *Schweizer Str. 54 a, www.jamin-frankfurt.de, U 1–3 Schweizer Platz*

Höchster Porzellanmanufaktur **[101 D3]**
Kostbarkeiten aus der berühmten Produktionsstätte des weißen Goldes. Traditionelles und Modernes. *Berliner Str. 60, U-/S-Bahnen Hauptwache*

Packo Jansen **[101 D4]**
Wenn es darum geht, etwas zu verpacken, nicht bloß einzuwickeln, originell, witzig, edel, das macht Packo Jansen. *Berliner Str. 72, www.packojansen.de, U 1–5 Willy-Brandt-Platz*

Töpferei Maurer **[109 D2]**
★ Bembel in allen Größen und Varianten, mit allen nur denkbaren Sinnsprüchen, auch individuell verziert. *Wallstr. 5, Bus 30/36 Affentorplatz*

Diamanten & Co. gibt's natürlich bei Tiffany – nicht nur in New York

SCHNELL

Gut gebettet

Charmantes B & B, Designerapartment oder Luxusherberge: Frankfurt hat alles zu bieten

Zwei Millionen Gäste übernachten jährlich in Frankfurt – das Gros von ihnen aus beruflichen Gründen. Sie kommen zu Messen, Kongressen, Meetings. Hauptsächlich auf diese Businessklientel ist das Unterkunftsangebot Frankfurts zugeschnitten. Mehr und mehr buhlen die Hoteliers der Mainmetropole jedoch auch um den privaten Kunden – v. a. an den Wochenenden. So manche Luxusherberge lässt da nicht nur ohne viel Verhandlungsdruck die Zimmerpreise purzeln, sondern schnürt attraktive Packages: Wellnessweekend oder Kocherlebnis, Übernachtung mit Opernbesuch, Aufenthalt plus Frankfurt-Card oder Ticket für die lange Nacht der Museen, die Luminale etc. Auch viele kleinere Häuser bieten – außerhalb der Messezeiten – günstige Wochenendtarife. In jüngster Zeit wuchsen überdies vorwiegend Drei-Sterne-Hotels aus dem Boden – in angesagten Stadtteilen wie dem Ostend ebenso wie in absoluter Citylage. Auch elegante, teils modern designte Boutiquehotels und stilvolle, familiär geführte Pensionen in oft schönen historischen Villen oder Bürgerhäusern bereichern die Palette der seit dem Mittelalter verbrieften Frankfurter »Gasthalterei«. Von sechs Zimmern in einem Garni oder B & B bis hin zu 999 unter einem Dach (im Sheraton am Flughafen) reicht die Spanne der Schlafmöglichkeiten. Viele davon sind buchbar über *www.frankfurt-tourismus.de.* Und wer es besonders individuell mag, quartiert sich direkt bei Einheimischen ein: Als Mit(be)wohner oder Mieter auf Zeit.

Das Lindner Hotel: Übernachten mit Main- und Skyline-Blick

Modern-elegantes Design im Hotel Villa Orange

HOTELS €€€

Hilton Frankfurt **[101 F2]**
★ Moderne Transparenz direkt hinter der Alten Oper am begrünten Anlagenring. Schöne Parkterrasse und kostenloser Zugang zum ehemaligen Stadtbad Mitte. *342 Zi., Hochstr. 4, Tel. 133 80 00, Fax 13 38 20, www.hilton.de/frankfurt, U 1–3 Eschenheimer Tor*

Innside Premium Suites Eurotheum **[100 C3]**
Von der 23. bis zur 29. Etage staffelt sich die luxuriöse Langzeit-Wohnwelt mit ihren edlen *serviced apartments* (1 Nacht bis 6 Monate). Dazu gesellen sich ein Wellnessbereich sowie die 22nd Lounge & Bar. *74 Ap., Neue Mainzer Str. 66–68, Ecke Junghofstr., Tel. 21 08 80, Fax 21 08 82 22, www.innside.de, U-/S-Bahnen Hauptwache*

Frankfurt Intercontinental **[100 B6]**
★ Elegantes Haus direkt am nördlichen Mainufer, nur wenige Minuten vom Theaterplatz und Zentrum entfernt. Superausblick aus den oberen der 21 Etagen. *770 Zi., Wilhelm-Leuschner-Str. 43, Tel. 260 50, Fax 25 24 67, www.frankfurt.intercontinental.com, Straßenbahnen/Busse Baseler Platz, U-/S-Bahnen Hauptbahnhof*

Lidner Hotel & Residence Main Plaza **[109 E1]**
★ Eindrucksvoller Backsteinturm direkt am südlichen Mainufer mit großzügigem, elegantem Suiten- und Apartmentambiente. Drumherum ein gänzlich neues Stadtviertel, vor der Tür ein schickes Spa. *118 Zi., Walther-von-Cronberg-Platz 1, Tel. 66 40 10, Fax 664 01 44 26, www.lindner.de, Straßenbahn 14 Frankensteiner Platz*

The Pure **[103 F5]**
★ Frankfurts erstes Designhotel. Mit viel puristischem Weiß und minimalistischen Formen. Angesagte Bar und Sommerlounge. *50 Zi., Niddastr. 86, Tel. 710 45 70, Fax 710 45 71 77, www.the-pure.de, U-/S-Bahnen Hauptbahnhof*

Radisson SAS Hotel **[102 B4]**
Riesenrad oder Käseschachtel? Egal. Die Zimmer und den Wellnessbereich des 18-geschossigen Luxusglashauses an der Frankfurter Messe gestaltete jedenfalls der Designerstar Matteo Thun. *428 Zi., Franklinstr. 65, Tel. 770 15 50, Fax 77 01 55 10, www.frankfurt.radissonsas.com, Straßenbahn 17 An der Dammheide*

HOTELS €€

Hotel am Dom **[101 F3–4]**
Ruhiges, traditionell ausgestattetes Haus direkt hinter dem Dom. Praktisch: Es gibt ein Parkhaus in unmittelbarer Nähe. *30 Zi., Kannengießergasse 3, Tel. 28 21 41, Fax 28 32 37, www.hotelamdom.de, U 4/5 Dom/Römer*

Art Hotel Robert Mayer **[103 D3–4]**
Jedes Zimmer der denkmalgeschützten Villa (1905) wurde von Gerald Domenig, Nicole van den Plaas und zehn anderen Frankfurter Künstlern individuell gestaltet. *12 Zi., 1 Ap., Robert-Mayer-Str. 44, Tel. 970 91 00, Fax 97 09 10 10, www.arthotel-frankfurt.de, U 4/6/7 Bockenheimer Warte*

Hotel Beethoven **[103 E4]**
★ Nach einem halben Jahrhundert wurde nach umfangreicher Sanierung aus der ehemaligen Pension, die Maria Sattler in einer stilvollen Westend-Villa führte, ein charmant-modernes Viersterne-Haus. Nun kümmert sich die Tochter um die Gäste. *30 Zi., Beethovenstr. 46, Tel. 743 49 70, Fax 74 84 66, www.hotelbeethoven.de, U 4/6/7 Bockenheimer Warte*

Bristol Hotel [103 E5]
Zeitgeistig umgestaltetes, klar gestyltes Vier-Sterne-Haus, das trotz aller Stringenz mit liebevollen Details für Wohlfühlatmosphäre sorgt. *145 Zi., Ludwigstr. 15, Tel. 24 23 90, Fax 25 15 39, www.bristol-hotel.de, U-/S-Bahnen Hauptbahnhof*

Hotel Cult [109 E2]
Stilvolles Haus mit moderner Ausstattung. Schöner Skyline-Blick von der Terrasse. *80 Zi., Offenbacher Landstr. 56, Tel. 962 44 60, Fax 962 44 66 66, www.hotelcult.de, S 1/2/8/9 Mühlberg*

Flemings Hotel Frankfurt-Messe [103 F5]
Klares Design mit edlen Stoffen und Hölzern. Vollverglaste Bäder in Granit und Edelstahl. Preise variieren kräftig, Tages- und Specialrates erfragen! *96 Zi., Mainzer Landstr. 87–89, Tel. 808 08 00, Fax 808 08 04 99, www.flemings-hotels.de, U-/S-Bahnen Hauptbahnhof*

Hotel Liebig [103 F3]
Liebevoll dekoriertes, kleines Luxus-B & B in einem Jahrhundertwendehaus mit Garten im Westend. Schöne Bäder. *20 Zi., Liebigstr. 45, Tel. 24 18 29 90, Fax 24 18 29 91, www.hotelliebig.de, U 6/7 Westend*

Hotel Manhatten [103 F5]
Kunstvoll gestaltetes, modernes Stadthotel, in dem auch recht günstige Dreibettzimmer zu haben sind. Insider Tipp *60 Zi., Düsseldorfer Str. 10, Tel.*

MARCO POLO Highlights »Übernachten«

★ **Gästehaus A Casa**
Modernes, liebevoll-luftig eingerichtetes Bed & Breakfast (Seite 69)

★ **Hotel Beethoven**
Stilvolle Westend-Villeneleganz, zeitgenössisch aufpoliert (Seite 64)

★ **Frankfurt Intercontinental**
Im Herzen der Metropole: freie Sicht auf Sachsenhausen und den Main zu Füßen (Seite 64)

★ **Hilton Frankfurt**
Parkterrasse und Riesenschwimmbad mitten in der City (Seite 63)

★ **Lindner Hotel & Residence Main Plaza**
Wohnen auf Zeit – mit Designermöbeln und eindrucksvollem Ausblick (Seite 64)

★ **Hotel Nizza**
Plüschfreie, phantasievolle (Künstler-)Herberge mit winziger Dachterrasse (Seite 67)

★ **The Pure**
Angesagte Designherberge im zunehmend trendigen Bahnhofsviertel (Seite 64)

★ **Hotel Villa Orange**
Lebensgefühl mit nostalgischer Badewanne und Himmelbett (Seite 67)

Frankfurter Luxushotels

ArabellaSheraton Grand Hotel **[101 F2]**
Hinter der unscheinbaren Fassade verbirgt sich eindrucksvolle Lichte und Weite. Der Charakter der exklusiv gestalteten Zimmer reicht von klassisch-elegant über postmodern bis hin zu asiatisch und Art déco. *378 Zi., DZ 159–519 Euro, Konrad-Adenauer Str. 7, Tel. 298 10, Fax 298 18 10, www.starwoodhotels.com, U-/S-Bahnen Konstablerwache*

Frankfurter Hof **[101 D4]**
Die stilvolle Traditionsherberge im Herzen Frankfurts zwischen Schauspielhaus und Hauptwache gehört zu den hundert besten Hotels der Welt. Internationale Prominenz schätzt den persönlichen Touch, den Luxus hier hat – vom Butlerservice bis zum Gourmetrestaurant. *332 Zi., DZ 165–500 Euro, Am Kaiserplatz, Tel. 215 02, Fax 21 59 00, www.frankfurter-hof.steigenberger.de, U 1–5 Willy-Brandt-Platz*

Hessischer Hof **[103 E5]**
Goethes Worte »Hier bin ich Mensch, hier darf ich's sein« hat sich das ehemalige Stadtpalais der Prinzen von Hessen zur Maxime erkoren. Neben antikem Interieur gibt es für die Gäste daher täglich eine Hospitality Lounge mit kostenlosen Drinks und Snacks sowie Lesebrillen. *117 Zi., DZ 218–525 Euro, Friedrich-Ebert-Anlage 40, Tel. 754 00, Fax 75 40 29 24, www.hessischer-hof.de, U 4 Festhalle/Messe*

Le Méridien Parkhotel **[100 A6]**
Elegantes Jugendstilpalais mit zeitgenössischem Anbau zwischen Bahnhof und Main. Frische Farben, Designerbäder. Besonders schön sind die Zimmer im historischen Haupthaus. *296 Zi., DZ 145–500 Euro, Wiesenhüttenplatz 28, Tel. 269 70, Fax 269 78 84, www.lemeridien-frankfurt.com, U-/S-Bahnen Hauptbahnhof*

Villa Kennedy **[108 B3]**
Frankfurts jüngstes Luxushotel hat eine denkmalgeschützte Bankiersvilla von 1904 zum Kern. Ausstattung in Pastelltönen, von Art déco bis 60er-Jahre-Design. Großzügige Innenhofterrasse mit Bar und Restaurant. *163 Zi., Kennedyallee 70, Tel. 71 71 20, Fax 717 12 24 30, www.villakennedy.com, DZ 260 bis 490 Euro, Special-Packages ab 399 Euro, Straßenbahn 16 Vogelweidstr.*

269 59 70, Fax 269 59 77 77, www.manhatten-hotel.com, U-/S-Bahnen Hauptbahnhof

Hotel Miramar **[101 E3]**
Zentrale Lage unweit Paulskirche und Römerberg. Modern-gemütliche, schallisolierte Zimmer. *39 Zi., Berliner Str. 31, Tel. 920 39 70, Fax 92 03 97 69, www.miramar-frankfurt.de, U 4/5 Römer, U-/S-Bahnen Hauptwache*

NH Frankfurt City **[101 F1]**
Vier-Sterne-Businesshotel im Zentrum. Klare Linien, großzügige Räu-

me. *256 Zi., Vilbeler Str. 2, Tel. 928 85 90, Fax 928 85 91 00, www.nh-hoteles.com, U-/S-Bahnen Konstablerwache*

Hotel Nizza **[100 B4–5]**
★ Bei Musikern und Schauspielern beliebtes, familiäres Haus in einem Gründerzeitbau im Bahnhofsviertel. Statt Plüsch oder Plastik gibt es in den Zimmern helles Parkett und Antiquitäten, zu drei Zimmern gehören Bäder mit sehenswerter Wandbemalung. Vom kleinen Dachgarten herrlicher Blick auf einen Teil der Frankfurter Skyline. *25 Zi., Elbestr. 10, Tel. 242 53 80, Fax 24 25 38 30, www.hotelnizza.de, U-/S-Bahnen Hauptbahnhof, Straßenbahn 11 Weserstr.*

Steigenberger Hotel Frankfurt City **[104 C5]**
Anglo-American-Style am Main – leider sehen die Hotelgäste den Fluss nicht von ihren mit hellen Hölzern und Korbsesseln ausgestatteten Zimmern. Aber nur fünfzig Schritte nach rechts und sie sind am Ufer. Von drüben grüßt Sachsenhausen. *149 Zi., Lange Str. 5–9, Tel. 21 93 00, Fax 21 93 05 99, www.frankfurt-city.steigenberger.de, Straßenbahn 14 Heiliggeistkrankenhaus*

Hotel Villa Orange **[104 C3]**
★ Himmelbetten, frei stehende Badewannen, blau-weiße Landhausbäder, viel Helligkeit – und ruhiges Nordend-Flair. Zudem sind es nur fünf Minuten zu Fuß auf die Zeil. *38 Zi., Hebelstr. 1, Tel. 40 58 40, Fax 40 58 41 00, www.villa-orange.de, U 5 Musterschule*

HOTELS €

Pension Aller **[103 F6]**
Echter Familienbetrieb in einem denkmalgeschützten Jugendstilhaus. Die hellen Zimmer sind in Größe und Ausstattung alle ver-

Eine Institution: das Grandhotel Frankfurter Hof im Herzen der Stadt

schieden. Internationales Publikum vom Künstler bis zum Manager. *6 Zi., Gutleutstr. 94, Tel. 25 25 96, Fax 23 23 30, www.pension-aller.de, Straßenbahn 16/19/21 Baseler Platz*

Hotel am Berg [109 D3]
Alte Villa am Sachsenhäuser Berg mit teilweise sehr großen Zimmern, jedes individuell (bis eigensinnig) gestaltet, aber durchweg in einem verspielten Stil, mit Goldfarbe etwa oder plüschig im Stil der Seventies. Die Preise richten sich nach der Raumdimension. Am günstigsten logiert man im Souterrain. *21 Zi., Grethenweg 23, Tel. 660 53 70, Fax 61 51 09, www.hotel-am-berg-ffm.de, U-/S-Bahnen Südbahnhof*

Insider Tipp
Pension Geoyes [109 D2]
Solar- und Erdenergie haben Vorrang in dem kernsanierten Haus in der denkmalgeschützten Mühlbruchsiedlung. Sehr helles Ambiente mit Hölzern und Fliesen. Das Haus ist komplett rauchfrei. *5 Zi., Heisterstr. 28, Tel. 603 26 00 60, Fax 603 26 00 32, www.pension-geoyes.de, S 3–6 Lokalbahnhof*

Hotel Gölz Garni [103 E4]
Geräumige, aber etwas fantasielos möblierte Zimmer mit 80er-Jahre-Anmutung in einem Haus aus der Gründerzeit. *12 Zi., Beethovenstr. 44, Tel. 74 67 35, Fax 74 61 42, www.hotel-goelz.de, U 4/6/7 Bockenheimer Warte*

Golden Leaf Hotel & Residence [105 E5]
Modernes Budgethotel in der angesagten City-Ost, die Hanauer Landstraße liegt um die Ecke. Ruhig und mit allem Komfort. *170 Zi., Launhardtstr. 2–4, Tel. 94 99 00, Fax 94 99 08 00, www.golden-leaf-hotel.de, Straßenbahn 11 Osthafenplatz, U 6 Ostbahnhof*

Kautz [101 D6]
Unprätentiöses, familiengeführtes Drei-Sterne-Haus nur einen Steinwurf vom Museumsufer. Fragen Sie nach den Südzimmern. Sie liegen nicht zur lauten Straßenseite. *22 Zi., Gartenstr. 17, Tel. 61 80 61, Fax 61 32 36, www.hotelkautz.de, U 1–3 Schweizer Platz*

Memphis [100 B5]
Charmante Adresse zwischen Bahnhof und Opernhaus; warme Farben, moderne Möblierung. Allerdings Multikulti-Ambiente vor der Tür und auch ein paar Rotlichtadressen. *42 Zi., Münchener Str. 15, Tel. 242 60 90, Fax 24 26 09 99, www.memphis-hotel.de, U 4/5 Willy-Brandt-Platz*

Palmenhof [103 E3]
Klein, aber fein. Mit Antiquitäten verschiedener Epochen in Kombination mit Modernem bis ins Detail gestaltet; besonders empfehlenswert sind die Zimmer auf der Rückseite des schönen Gründerzeitbaus, teilweise mit Balkon. *46 Zi., Bockenheimer Landstr. 89–91, Tel. 753 00 60, Fax 75 30 06 66, www.palmenhof.de, U 6/7 Bockenheimer Warte oder Westend*

Insider Tipp

Philipp-Jakob-Spenerhaus [101 F3]
Schlichte, ruhige Unterkunft des Evangelischen Regionalverbandes direkt am Dominikanerkloster (auch Tagungszentrum). *36 Zi. (davon 8 DZ), Dominikanergasse 5,*

Tel. 21 65 14 10, Fax 21 65 15 22, www.spenerhaus.de, Straßenbahn 12 Börneplatz, U-/S-Bahnen Konstablerwache

Ramada Hotel Frankfurt City Center [100 B4]
Untergebracht in einem mehrgeschossigen Haus im Bahnhofsviertel aus dem Jahr 1893, 2000 komplett renoviert, erwarten den Gast modern eingerichtete Zimmer von Standard bis Deluxe. *106 Zi., Weserstr. 17, Tel. 31 08 10, Fax 31 08 15 55, www.ramada.com, U-/S-Bahnen Hauptbahnhof*

Stella [104 B1]
Schöne Pension in einem der besten Wohnviertel, unweit von Holzhausenpark und Oederweg. *6 Zi., Frauensteinstr. 8, Tel. 55 40 26, Fax 55 40 26, www.pension.de/haus/neu-stella.htm, Bus 32 Bertramstr.*

Turm Hotel [101 D1]
Ob »Avantgarde«, »Oriental Hip« oder »Mona Lisa« – jede Zimmerkategorie des modernen Cityhotels hat ihren Charme. *74 Zi., Eschersheimer Landstr. 20, Tel. 15 40 50, Fax 55 35 78, www.turmhotel-fra.de, U 1–3 Eschenheimer Tor*

PRIVATZIMMER & WOHNUNGEN

Gästehaus A Casa [103 D4]
★ Eine ruhige, individuelle Adresse zwischen Uni und Messe in einem Jahrhundertwende-Haus. Die Zimmer tragen Namen wie »Rosengarten«, »Miami« oder »Montparnasse« statt Nummern und haben jeweils das entsprechende Ambiente. *6 Zi., Varrentrappstr. 49, Tel. 97 98 88 21, Fax 97 98 88 22, www.hotel-acasa.de, Straßenbahn 16 Varrentrappstr.*

Mitwohnzentralen
Zimmer, Wohnung oder Haus, kurz- oder langfristig – alles geht. Schon ab einer Woche Aufenthalt werden private Wohnungen vermittelt. Die Gebühr beträgt zwischen 20 und 50 Prozent der Monatsmiete. Für alle, die länger als ein paar Tage bleiben wollen: *Mitwohnzentrale City, Tel. 29 90 50, www.city-mitwohnzentrale.de; HomeCompany Mitwohnzentrale, Tel. 194 45; Wohnraumagentur, Tel. 719 12 30, www.wohnraumagentur.de; Mitwohnzentrale Mainhattan, Tel. 597 55 61, www.mitwohnzentrale-mainhattan.de*

Privatzimmer
Privatzimmer lassen sich für Messezeiten über die Tourismus- und Congress GmbH erfragen *(Tel. 21 23 08 08, www.frankfurt-tourismus.de)*. Außerdem vermitteln folgende Adressen Privatzimmer: *www.privatzimmer-frankfurt.de, www.bedandbreakfast.de, www.frankfurt-pension.de, www.zimmer-im-web.de*

JUGENDHERBERGE

Haus der Jugend [101 F5]
Strategisch günstig am Sachsenhäuser Mainufer gelegen. Auch Apartments und Doppel- bzw. Einzelzi. *430 Betten, Deutschherrnufer 12, Tel. 610 01 50, Fax 61 00 15 99, www.jugendherberge-frankfurt.de, Bus 46 (vom Hbf. aus) Frankensteiner Platz. Person/Nacht 16,50 bis 39,50 Euro, keine Altersbeschränkung, aber Jugendherbergsausweis*

DEM WAHREN SCHOENEN GUTEN

Spaß bis zur Morgendämmerung

Moderne Oper, kritisches Theater, Weltklasseballett, reichlich Kleinkunst und eine pulsierende Szene in Clubs, Kneipen und Diskotheken

Frankfurts Nightlife: alles von der coolen Bar bis zum groovigen Club

Frankfurts Nächte sind lang – man muss nur wissen wo. Es gibt eine lebendige Musik-, Party- und Kunstszene – allerdings zum Teil *underground*. Wörtlich ist das nur in einigen wenigen Fällen zu nehmen, aber die Locations wechseln rasch, sind oft nur temporär und viele werden häufig ausschließlich per Handy oder Flyer weitergegeben. Fündig wird man in Sachen Off-Adressen und Partys aber auch unter *www.thing-frankfurt.de* und *http://frankfurt.nachtagenten.de*. Night-Life-Dauerbrenner sind das Bahnhofsviertel, wo hinter Gründerzeitfassaden und in Hinterhöfen oft Events zwischen Ausstellung, Performance und Fete aufgezogen werden (z. B. im ehemaligen *English Theatre, Kaiserstr. 34*), die City zwischen Roßmarkt, Bleich-, Seiler und Kurt-Schumacher-Straße sowie die »Hanauer« und Umgebung *(z. B. Oskar-von-Miller-Str. 16)*. Clubs (meist mit saftigen Eintrittspreisen), Lounges, Bars, Bistros, Diskotheken und Restaurants locken v. a. im Osten der Stadt nicht nur Frankfurter an, sondern am Wochenende das gesamte Umland. Gleiches gilt für die etablierte(re) Kultur, von Theater bis Tanz und Oper. Das Schauspiel knüpft mit oft experimentellen Inszenierungen wieder an an die Tradition der Provokation, die in den 60er-Jahren mit Rainer Werner Fassbinder am TAT (Theater am Turm) begann. Das TAT ist zwar seit Sommer 2004 tot – an Geldmangel gestorben – und das weltberühmte Ballett von William Forsythe steht aus dem gleichen Grund inzwischen nicht mehr nur als Synonym für Frankfurt, sondern auch für Dresden. Konzertwesen und Oper indes blühen und begeistern mit hervorragenden Künstlern sowie mutiger Werkewahl; Museen und ähnliche

Die Alte Oper: 1880 vom Kaiser eröffnet, im Zweiten Weltkrieg zerstört und erst 1981 wieder eröffnet

Institutionen öffnen sich mehr und mehr für Music und Dance (legendär ist Shantels Bucovina-Club im Schauspiel mit Balkan Dancefloor). Jazz und Comedy, Kabarett und Varieté, Film und Boulevard ergänzen das abendliche Ausgehangebot.

BARS & SZENETREFFS

Destino **[105 E3]**
Angesagte Cocktail- und Tapasbar mit langem Tresen und klasse Terrasse. *Tgl. 17–24 Uhr, Habsburger Allee 9, U 4 Höhenstr.*

Insider Tipp **Feinstaub** **[104 C2]**
Von Vertretern der Frankfurter Subkultur gestaltet. Das Musikprogramm ertönt in Zimmerlautstärke. So ist philosophieren ebenso möglich wie Kunst anschauen. Auch Lesungen stehen auf dem Programm. *Mo–Sa 19–2 Uhr, Friedberger Landstr. 131, Straßenbahn 12, Bus 30 Rohrbach/Friedberger Landstr.*

Frankfurter Botschaft **[108 A2]**
Elegante Bar am Westhafen; im Sommer mit überdachtem Sandstrand. Schöner Ausblick, Bio-Food, DJ-Sound. *So–Do 10–2, Fr/Sa 10–3 Uhr, Westhafenplatz 6–8, U-/S-Bahnen Hauptbahnhof*

Havanna Bar **[105 D5]**
Grande Dame unter der Barszene. Unverändert gute Cocktails, lockere Atmosphäre, House-Music. *So–Do 17–2, Fr/Sa 17–3 Uhr, Schwanenstr. 2, S 1–9 Ostendstr.*

Helium **[101 D3]**
Sphärische Klänge, unaufgeregte Atmosphäre, Cocktailgeschlürfe. Am Wochenende kommt der DJ, manchmal auch eine Band. *Tgl. 11–4 Uhr, Bleidenstr. 7, U-/S-Bahnen Hauptwache*

IMA **[100 C2]**
Minimalistisch designte Multibar im Miniformat. Wenn der DJ kommt, werden die robusten Holztische vom Lunch oder vom After-Work-Drink einfach zu Stehpulten gekippt. *Mo–Mi 11–20.30, Do–Sa 11–1.30 Uhr, Kleine Bockenheimer Str. 14, www.ima-multibar.com, U-/S-Bahnen Hauptwache*

Jimmys **[103 E5]**
Frankfurts Hotelbarklassiker, direkt gegenüber der Messe. Ambiente und Musik für das eher fortgeschrittene Alter. Livemusik am Piano. *Tgl. 20–4 Uhr, Friedrich-Ebert-Anlage 40 (im Hessischen Hof), U 4 Festhalle/Messe, Bus 32 Schumannstr.*

Kleinlaut & Brown **[101 E2]**
Schwarze Barstühle (mit Lehne!), klare Linien – und ein witziger Spruch an der Wand. Da haben sich die Macher vom »21. Jahrhundert« wieder mal was Cooles einfallen lassen. *Tgl. 18.30 bis open-end, Stiftstr. 34, www.kleinlautundbrown.de, U-/S-Bahnen Hauptwache, U 1–3 Eschenheimer Tor*

Luna-Bar **[101 E2]**
Klassische Bar mit guter Musik (und ebensolcher Raumluft); bei Vollmond Liveprogramm. *So–Do 19–2, Fr/Sa 19–3 Uhr, Stiftstr. 6, www.luna-bar.de, U-/S-Bahnen Hauptwache*

Main Tower-Bar **[100 C3]**
★ Frankfurt vor Augen und zu Füßen sowie ein sensibler Bartresen, der auf Berührung mit Farbverän-

derungen reagiert. Schon dafür lohnt das Liftgeld. *Di–Do, So 17.30–1, Fr/Sa 17.30–2 Uhr, Neue Mainzer Str. 52–58 (im 53. Stock des Helaba-Hauses), U 4/5 Willy-Brandt-Platz*

Moloko **[101 F4]**
Nicht weit vom Main entfernt, um die Ecke liegt die Rote Bar, vor den Scheiben eine witzige Terrasse, drinnen bunter Stilmix, im Glas gute Cocktails zu vernünftigen Preisen. *Mo–Fr 10–1, Sa/So 10–2 Uhr, Kurt Schumacher Str. 1, www.moloko-am-meer.de, U-/S-Bahnen Konstablerwache*

Riz **[101 D3]**
Im Retrodesign der 50er-Jahre (Hirschgeweih, Nierentischchen, florale Tapetenmuster) gibt es »Rizhäppchen«, Cocktails und mitunter Livemusik. *So–Do 10–1, Fr/Sa 10–3 Uhr, Berliner Str. 72/Eingang: Großer Hirschgraben, U-/S-Bahnen Hauptwache*

Sansibar **[100 C4]**
Ein echtes Highlight in der lokalen Barszene. Oft sehr voll und VIP-lastig. Im Sommer zieht die Location als Sansibar-Roofgarden vom Japan-Center auf das Union-Gelände an der Hanauer. *Mi–Sa 19–3 Uhr, Taunustor 2, www.sansibar.us, S 1–6, 8/9 Tanusanlage*

StereoBar **[101 F6]**
Keller im coolen Retrodesign mit Sound von electro clash & 80s pop und Soulexplosion. *Do–Sa 22–4 Uhr, Abtsgässchen 7, S 2–6 Lokalbahnhof, Bus 30/36 Elisabethenstr.*

Strandperle **[101 E5]**
Tresen oder Nische – mehr Auswahl gibt's nicht im Innern des Brückenpfeilers. Dafür aber umso mehr Cocktails, exakt gemischt. Im Sommer verzehnfacht (mindestens) sich die Barfläche zum Terrassencafé hoch über dem Main. *So–Do 18–2, Fr/Sa 18–3 Uhr, www.strandperle-*

MARCO POLO Highlights »Am Abend«

★ **Tigerpalast**
Varietétheater mit internationalen Akrobaten und Künstlern (Seite 79)

★ **The Forsythe Company**
Zeitgenössischer Tanz, der die Welt erobert (Seite 77)

★ **Oper Frankfurt**
Kluges, auch rares Musiktheater auf höchstem Niveau (Seite 77)

★ **Präsidium 1911**
Statt Ordnungshüter beleben nun Party-People die Etagen (Seite 75)

★ **Jazzkeller Frankfurt**
Wiege großer Solisten und Bands (Seite 76)

★ **Main Tower-Bar**
Drinks mit Superpanorama 200 m über dem Straßenpflaster (Seite 72)

Studio Bar: Tummelplatz der Frankfurter Szene

frankfurt.de, Schaumainkai, Brückenkopf Eiserner Steg, Sachsenhäuser Seite, U 4/5 Römer

Studio Bar **[101 D3]**
Kreisrunde Szenebar mit Softsofas und Dachterrasse im Herzen der City. Im Sommer regelmäßig House-Partys. *Mo–Do 18–1, Fr 18–2, Sa 20–2 Uhr, Katharinenpforte 6, U-/S-Bahnen Hauptwache*

Sugar **[105 E2]**
Kleine, schlichte Bar in dunklen Holz- und Rottönen mit exquisitem Cocktail- und Longdrinkangebot. Für den Hunger kann man Pizza von gegenüber ordern. *So–Do 18–2, Fr/Sa 18–3 Uhr, Berger Str. 235, U 4 Bornheim Mitte*

Trinkhalle **[105 D5]**
Das Konzept lautet nach wie vor Trinkkultur plus Trash-Ästhetik. Allerdings ist statt Underground nur noch Nostalgie angesagt – u. a. mit Old-School-Produkten wie Flutschefinger. *Mo–Do 18–1, Fr/Sa 18–2 Uhr, Obermainanlage 24, www.trinkhalle-frankfurt.de, S 1–6, 8/9 Ostendstr.*

Vinylbar **[105 E5]**
Schräg und bunt sind Club, Publikum und Programm: House, Indie, Britpop etc. *Di–Do 21–2, Fr/Sa 21–3, So 21–2 Uhr, Hanauer Landstr. 99, www.vinylbar.de, U 6 Ostbahnhof*

CLUBS & DISKOTHEKEN

Becahimi Club **[103 E5]**
Stylishes Ambiente zwischen Retropuristik und Opulenz. Treffpunkt der Frankfurter House-In-Szene bei coolen Samstagspartyreihen wie Incognito oder Fairytale. *Sa ab*

22.30 Uhr, Friedrich-Ebert-Anlage 13, www.becahimi-club.de, Straßenbahn 11/16/17/21 Platz der Republik

Cocoon-Club **[O]**

Extravaganter Laden von DJ-Guru Sven Väth. Mischung aus Tanz-, Design- und Gourmettempel. Wechselnde Musikstile. *Club: Fr/Sa 21–6, Restaurants: Di–Sa 18–1 Uhr, Carl-Benz-Str. 21, Straßenbahn 12 Dieselstr.*

King Kamehameha **[105 F4]**

Geschmackvoll designter Trendschuppen, um die Tanzfläche läuft auf der zweiten Ebene eine Galerie, draußen gibt's einen Wasserlauf. Konzerte aller Stilrichtungen, ansonsten House-Beats, Latin-Grooves und oft hochkarätige DJs. *Mi/Do 21–4, Fr/Sa 22–4 Uhr, Hanauer Landstr. 196 a, S 11/12 Dieselstr.*

Living XXL **[100 C4]**

Am Sockel des Eurotowers kommt jeder auf seine Kosten. Die Palette reicht von Dance Classics über Latino-Rhythmen bis Schlagerparade. Wer vor Ort erst speist, spart den Eintritt zur Party. *Do–Sa ab 22 Uhr, Kaiserstr. 29, U 1–5 Willy-Brandt-Platz*

Monza **[101 D4]**

Lengendärer House-Club in neuer Örtlichkeit, nicht mehr intim, sondern auf drei Ebenen. *Mi 18–1, Fr/Sa 23–7 Uhr, Berliner Str. 74, www.monza-club.de, U-/S-Bahnen Hauptwache*

o25 **[105 D5]**

Brasilianische Sounds oder Rock, Albumpräsentation oder Lesung – genau weiß man nie, was auf den zwei Dancefloors und in den zwei Bars des ehemaligen Brauereikellers geboten wird. *Mi bis Sa je nach Veranstaltung ab 19 oder 22 Uhr, Ostparkstr. 25, www.o25.de, U 6 Ostbahnhof*

Präsidium 1911 **[103 E5]**

★ Edler Club im historischen Polizeipräsidium. Einzigartige Atmosphäre mit Säulen und Winkeln, mehreren Bars, Danceroom und Restaurant. DJs von internationalem Rang, Menschen von stylish bis geschniegelt, je nach Veranstaltung. *Do 19–5, Fr/Sa 22–5 Uhr, Restaurant bis 1 Uhr, www.praesidium-1911.de, Friedrich-Ebert-Anlage 11, Straßenbahn 11/16/17/21 Platz der Republik, U-/S-Bahnen Hauptbahnhof*

Robert Johnson **[O]**

Deutschlandweit einer der besten Clubs der Szene – deswegen hier gelistet, auch wenn er in Offenbach liegt. Meister der elektronischen Musik sind in seinem total flexiblen minimalistischen Lining regelmäßig zu Gast. *Fr/Sa ab 23 Uhr, Nordring 131, Offenbach-Kaiserlei, www.robert-johnson.de, S 1/8/9, Bus 102/107/120/2N Kaiserlei*

Tanzhaus West **[107 E2]**

Aktuelle Vibes in angesagter Industrielocation: Techno, Techhouse, Minimal, Acid, EBM oder NoizeClub auf dem Gelände der ehemaligen Milchsack-Fabrik unweit des Westhafens. Farbenfrohe Sommergartennächte. *Gutleutstr. 294, Fr/Sa ab 23 Uhr, www.tanzhaus-west.de, Bus 37 Johanna-Kirchner-AHZ*

U60311/U-Bar **[101 D3]**
Innovativ designte Dance-Location in einem ehemaligen U-Bahn-Schacht. Eine der beliebtesten Partyadressen in der Stadt. DJs aus der ganzen Welt legen auf – von Techno bis House. *Mi–Sa ab 22 Uhr, www.u60311.net, Roßmarkt, U-/S-Bahnen Hauptwache*

LIVEMUSIK

Batschkapp **[0]**
Nichtkommerzielles bildet noch immer den Schwerpunkt, live wie aus der Dose. Die Palette reicht von Rock bis Soul, Ambiente und Publikum sind eher alternativ. *Do–Sa 22–3, bei Konzertterminen ab 21 Uhr, www.batschkapp.de, Maybachstr. 24, U 1–3 Weißer Stein*

Insider Tipp **Das Bett** **[109 D2]**
Klangvolles jenseits des »Mainstroms« – im doppelten Sinn. Musik auf der Sachsenhäuser Flussseite von Newcomern aus der Region wie aus der ganzen Welt. *Tgl. ab 20.30 Uhr, Klappergasse 16, www.bett-club.de, S 2–6, Straßenbahn 14/16 Lokalbahnhof*

Brotfabrik **[102 B1]**
Internationales Kulturzentrum mit Konzertprogramm von Jazz bis Latin. Außerdem stehen regelmäßig Salsa-Nights auf dem Programm. Und einmal pro Monat ist Worldlounge angesagt – Insider Tipp rauchfreie Disko! *Öffnungszeiten je nach Veranstaltung, www.brotfabrik.de, Bachmannstr. 2–4, U 6 Fischstein, U 7 Große Nelkenstr.*

Jazzkeller Frankfurt **[100 C2]**
★ Weltstars hautnah seit 1952. Frank Sinatra und Dean Martin saßen im »Domicile du Jazz«, wie der Frankfurter Trompeter und Musiktheoretiker Carlo Bohländer das Gewölbe offiziell taufte, Duke Ellington spielte, Louis Armstrong oder Dizzy Gillespie. Noch immer gibt es einen Sessionabend; inzwischen hört man aber auch populäre Jazzformen, es gibt Swinging Latin Funky-Klänge zum Tanzen. *Do–So 21–4, Mi 22–4 Uhr, www.jazzkeller.com, Kleine Bockenheimer Str. 18 a, U 6/7 Alte Oper*

Mampf **[105 D3]**
Jazzlokal nennt sich diese Institution. Seit dreißig Jahren gibt's zu Schnitzel und »haaser Worscht« Konzertauftritte; dabei darf es schon auch mal Blues sein, Swing, Latin oder Flamenco. *So–Do 18–1, Fr/Sa 18–2, Konzerte 20.30–23 Uhr, www.mampf-jazz.de, Sandweg 64, U 4 Merianplatz*

Sinkkasten **[101 E2]**
Seit 1971 (!) ein Begriff im Frankfurter Musikleben. Liveclub auf ca. 800 m^2 mit Spektrum von Blues und Jazz über alle Arten von Pop und Rock bis zu Comedy und Schlager. *Mo–Do 21/22–2, Fr 22–3, Sa 22–4, So 20–1 Uhr, www.sinkkasten-frankfurt.de, Brönnerstr. 9, U 1–3 Eschenheimer Tor*

OPER, BALLETT & KONZERTE

Alte Oper **[100 C2]**
Trotz des Namens keine Musiktheaterbühne, sondern ein reines Konzerthaus. Das Programm reicht von Klavierabenden über sinfonische Darbietungen bis hin zu Rock und Pop. Auch Kongresse finden hier statt – und der Frankfurter

Opernball als gesellschaftlicher Höhepunkt des Jahres. *Opernplatz, Tel. 134 04 00, www.alteoper.de, U 6/7 Alte Oper*

The Forsythe Company **[103 E3]**
★ Die weltberühmte Balletttruppe von William Forsythe musste sich zwar aus Spargründen verkleinern, ins Bockenheimer Depot umziehen und ein Zweitdomizil in Dresden annehmen. Die Auftritte des Ensembles mit gewagten, modernen Choreografien gehören aber weiterhin zu den Highlights im Frankfurter Kulturleben. *Bockenheimer Depot, Tel. 21 23 75 86, www.theforsythecompany.de, U 6/7 Bockenheimer Warte*

Insider Tipp
Kammeroper **[101 E1]**
Seit mehr als zwei Jahrzehnten sorgt Rainer Pudenz mit seinem Team für Oper der anderen Art: klamaukig inszeniert, aber stets professionell intoniert – und immer an wechselnden Spielstätten. Eine mit viel Zukunftsperspektive: die Fabrik in Sachsenhausen. *Büro: Sternstr. 31, Tel. 55 61 89, www.kammeroper-frankfurt.de*

Oper Frankfurt **[100 C4]**
★ Weit über Frankfurt hinaus renommierte, mehrfach ausgezeichnete Bühne mit klassischem wie modernem Opernrepertoire; darunter viele Entdeckungen und Raritäten. *Untermainanlage 11, Tel. 134 04 00, www.oper-frankfurt.de, U 1–5 Willy-Brandt-Platz*

THEATER

Die Dramatische Bühne **[103 D2]**
Klein, engagiert, ambitioniert. So mancher Klassiker erscheint auf diesen Brettern in ganz neuem Licht. Jährliches Sommerfestival im Grüneburgpark. *Leipziger Str. 91 (Exzesshalle), Tel. 60 60 59 24, www.diedramatischebuehne.de, U 6/7 Leipziger Str.*

English Theatre **[100 C4]**
Klassiker, Komödien, Musicals, ausschließlich in englischer Sprache. Die Stücke sind meist Produktionen aus London oder New York, und die Bar »James« ist inzwischen Kult. *Kaiserstr. 34, Tel. 24 23 16 20, www.english-theatre.org, U 4/5 Willy-Brandt-Platz*

Fritz-Rémond-Theater **[105 D4]**
Beliebte Boulevardbühne hinter der historischen Fassade des Zoo-Gesellschaftshauses. Vorwiegend konservative Inszenierungen von Komödien und Musicals. *Alfred-Brehm-Platz 16, Tel. 43 51 66, www.fritzremond.de, U 6/7 Zoo*

Gallus-Theater **[107 D1]**
Das Gallus-Theater zählt mit seinen unkonventionellen, interessanten Inszenierungen zur freien Theaterszene der Stadt. *Kleyerstr. 15, Tel. 75 80 60 20, www.gallustheater.de, S 3–6 Galluswarte*

Internationales Theater **[105 D3]**
Fünf Bühnen in einer – vom Théatre Français über das Teatro Ibero-Americano bis hin zum Russkij Teatr. Geboten werden Sprechstücke, Rezitationen, Liederabende. *Hanauer Landstr. 5–7, Tel. 493 05 03, 499 09 80 www.itf-frankfurt.de, S 1–9 Ostendstr.*

Die Katakombe **[105 D4]**
Seit mehr als vier Jahrzehnten ist die von Marcel Schilb gegründete

Bühne Forum für gesellschaftskritische Autoren, Zeitrevuen und zeitgenössisch aufbereitete Klassiker. *Pfingstweidstr. 2, Tel. 49 17 25, www.katakombe-frankfurt.de, U 6/7 Zoo*

Die Komödie [100 C4]
Leichte Bühnenkost, seit Jahrzehnten beliebt, seit Kurzem in neuem, postmodernem Gewand – zumindest was die Architektur anbelangt. Ein echtes Boulevardtheater. *Neue Mainzer Str. 14, Tel. 28 45 80, www.diekomoedie.de, U 1–5 Willy-Brandt-Platz*

Künstlerhaus Mousonturm [105 D3]
Internationale Gastspielbühne für zeitgenössisches Theater, Konzerte, Tanz und Performances hinter der Klinkerfassade einer historischen Seifenfabrik. Mit Bistro, Künstlerateliers und dem Hessischen Literaturbüro unter demselben Dach. *Waldschmidtstr. 4, Tel. 40 58 95 20, www.mousonturm.de, U 4 Merianplatz*

Schauspiel [100 C4]
Hans Neuenfels und Peter Zadek inszenierten hier; junge Avantgarderegisseure setzen die Tradition des nicht gerade bequemen Theaters fort im unkonventionellen Bau (der auch der Oper als Domizil dient). *Neue Mainzer Str. 17, Tel. 134 04 00, www.schauspielfrankfurt.de, U 1–5 Willy-Brandt-Platz*

Die Schmiere [101 D4]
Satirisches Kellertheater im ehemaligen Kloster, 1950 von Rudolf Rolfs gegründet. *Seckbächer Gasse, Tel. 28 10 66, www.dieschmiere.de, U 1–5 Willy-Brandt-Platz*

Theater Landungsbrücken [107 E2] Insider Tip
Tanz, Film, Musik, Experiment – eine hippe Off-Bühne auf einem ehemaligen Fabrikgelände. *Gutleutstr. 294, Tel. 60 60 59 72, www.landungsbruecken.org, Bus 37 Johanna-Kirchner-AHZ, S 3–6 Galluswarte*

Volkstheater Frankfurt [101 D3]
Klassiker und Schwänke auf Hessisch gebabbelt – von Goethes »Urfaust« bis zu Shakespeares Dramen. Im Sommer Freilichtaufführungen im Hof des Dominikanerklosters. *Großer Hirschgraben 21, Tel. 28 36 76, 28 85 98, www.volkstheater-frankfurt.de, U-/S-Bahnen Hauptwache*

VARIETÉ, KABARETT & CO.

Café Wiesengrund [104 B3]
Denkbar-Philosophie an neuem Ort: Lesungen, Gesang, Vorträge und andere kulturelle Veranstaltungen. *Tgl. ab 14 Uhr, Finkenhofstr. 17, www.wiesengrund-ffm.de, U 1–3 Grüneburgweg, Bus 36 Bornwiesenweg*

Die Käs [105 D3]
Hausherr Sinasi Dikmen, einst von Dieter Hildebrandt entdeckt, bietet in seinem »Kabarett Änderungsschneiderei« (Käs) als einzige politisch-literarische Kabarettbühne in Frankfurt neben dem eigenen Programm auch renommierten Gastakteuren eine Plattform. *Naxoshalle, Waldschmidtstr. 19, Tel. 55 07 36, www.die-Kaes.com, U 6/7 Zoo*

Lala Mamoona [105 D4] Insider Tip
Kultur im Klo – kein Witz! Ghani Biboaoune hat ein Jugendstil-Toi-

lettenhäuschen restauriert und zur Kunst-, Musik- und Lesebar umgebaut. Ab Wochenmitte legen abends DJs auf. *Tgl., Zeil 1a, Tel. 25 71 27 95, U-/S-Bahnen Konstablerwache, U 6/7 Zoo*

Literaturhaus **[104 C5]**
Zentrum verschiedener öffentlicher Veranstaltungen rund um die Literatur. Hochkarätige Lesungen internationaler Autoren und Symposien werden geboten, es gibt ein nettes Caférestaurant. *Schöne Aussicht 2, Tel. 756 18 40, www.literaturhaus-frankfurt.de, S-Bahn 1–6, 8/9 Ostendstr., Straßenbahn 14 Hospital zum Heiligen Geist, Bus 30/36 Schöne Aussicht*

Insider Tipp
Mal Seh'n **[104 C2]**
Filmkultur mit außergewöhnlichen Werken und Reihen. Zu dem kleinen Kinosaal gehört eine urige, cineastisch dekorierte Kneipe. *Adlerflychtstr. 6, Tel. 597 08 45, www.malsehn.de, U 5 Musterschule, Bus 36 Adlerflychtplatz*

Stalburg-Theater **[104 C3]**
Bühnenkunst passend zum ausgeschenkten Apfelwein – spritzig, witzig, mal als Chansonabend, mal als TV-Serien-Persiflage. Im Sommer gibt es »Stoffel«-Programm kostenlos im Günthersburgpark. (Insider Tipp) *Glauburgstr. 80, Tel. 25 62 77 44, www.stalburg.de, U 5 Glauburgstr.*

Tigerpalast **[104 C4]**
★ Johnny Klinke, einst Weggefährte von Joschka Fischer, hat sich seinen Traum erfüllt und Frankfurt wieder ein echtes Varietétheater beschert. Akrobaten und Künstler aus aller Welt bezaubern nun alle, die das nötige Kleingeld besitzen. *Heiligkreuzgasse 16–20, Tel. 920 02 20, www.tigerpalast.com, U-/S-Bahnen Konstablerwache*

Tigerpalast: ein bisschen Abenteuer, Herzklopfen und gute Unterhaltung

Zu Wortschmieden und Marktweibern

Die Spaziergänge sind in der Karte auf dem hinteren Umschlag und im Cityatlas ab Seite 100 grün markiert

1 CITY UND SACHSENHAUSEN: WO GOETHE SICH VERLIEBTE

Die Nostalgietour folgt den Schritten des Dichterfürsten. Zwei bis drei Stunden sollten Sie für den Spaziergang einplanen.

»Am 28. August 1749, mittags mit dem Glockenschlag 12, kam ich in Frankfurt am Main zur Welt«, schreibt Goethe in seinem autobiografischen Werk »Dichtung und Wahrheit«. Der Spaziergang auf den Spuren des Dichters beginnt in seinem *Elternhaus am Großen Hirschgraben (Goethehaus, S. 20)*. Johann Wolfgang wuchs hier gemeinsam mit seiner 15 Monate jüngeren Schwester Cornelia auf. Er wurde mit ihr von demselben Hauslehrer unterrichtet, bis ihn sein Vater im Oktober 1765 an die Universität nach Leipzig schickte.

Der Herr Papa selbst widmete sein ganzes Leben wissenschaftlicher Arbeit und einer Reihe von Sammlungen, wirkte aber nie öffentlich. Als Sohn eines Schneidermeisters und »erfolgreichen Gasthalters« hatte er ganz in der Nähe des Großen Hirschgrabens das Licht der Welt erblickt; im *Gasthaus zum Weidenhof*. Ein großer Versicherungsbau steht nun an der Stelle des Lokals in der Weißadlergasse, eine Plakette erinnert aber an die historische Stätte. Bestattet wurde Johann Caspar Goethe in der Gruft seiner mütterlichen Vorfahren, der Familie Walther, auf dem seit 1454 belegten *Peterskirchhof* an der Mauer nach der Brönnerstraße. Goethes Mutter Catarina Elisabeth Textor, genannt Frau Aja, fand schräg gegenüber ihre letzte Ruhestätte (das Grab liegt heute im Liebfrauenschulhof).

Doch zurück zum Sohn, dem Ludwig Schwanthaler 1844 in der *Gallusanlage* ein Denkmal schuf (seit 2006 auf dem neu gestalteten *Goetheplatz*). Goethe liebte die verwinkelte Frankfurter Altstadt. Manchmal wurde dem Herrn Dichter jedoch das Treiben in der engen Altstadt zu viel. Dann ließ er sich mit dem Kahn auf die andere Seite des Mains übersetzen, ins grüne *Sachsenhausen (S. 30)*. Heute braucht man dazu kein Boot, sondern schlendert über den Eisernen

Dichterwerkstatt mit Originalen: im Frankfurter Goethehaus

Steg in den einst bei der Frankfurter Bourgeoisie als Ausflugsziel und Sommerfrische beliebten Stadtteil. Durch die Färber-, und Dreikönigstraße, vorbei am Gassengewirr des Vergnügungsviertels, geht es hinauf zum *Mühlberg.* Unweit der Herz-Marien-Kirche soll Goethe hier nach einer durchzechten Nacht auf einer (nicht mehr existierenden) Treppe eingeschlafen sein.

Weiter bergan, am Hühnerweg 74, steht inmitten eines gepflegten Rokokogärtchens das rekonstruierte Insider Tipp *Willemer Häuschen. (Mitte April bis Mitte Okt., So 11–16 Uhr, Eintritt frei).* Der schindelgedeckte Türmchenbau stand einst inmitten von Weinbergen und gehörte dem Frankfurter Bankier Johann Jakob Willemer, dessen junge Gattin Marianne, eine Schauspielerin, es auch Goethe angetan hatte. Am 18. Oktober 1814 sahen der Dichterfürst und das Ehepaar Willemer von hier die aus Anlass des Jahrestages der Leipziger Völkerschlacht entzündeten Freudenfeuer auf den Taunushöhen. Danach verewigte sich Goethe angeblich mit Namen und Datum am Fensterpfosten. Wie dem auch sei – der Pfosten wurde bereits um 1830 übertüncht. Als Goethe im August des nächsten Jahres nach Frankfurt zurückkehrte, nahm er sein Quartier direkt bei den Willemers, hauptsächlich in deren Sommersitz an der *Gerbermühle,* heute Gaststätte und Hotel. Hier feierte er am 28. August 1815 im Kreise der Freunde seinen 66. Geburtstag und verbrachte die »allerschönste Zeit«. Derweil arbeitete er an dem »West-östlichen Diwan«, schlüpfte selbst in die Rolle des Hatem, und Marianne wurde seine Suleika. Die Gerbermühle ist über einen Schlenker zur Offenbacher Landstraße zu erreichen, durch die Schrebergärten (Strahlenberger Weg) und die großen Gemüsebeete Oberrads. *(Den Speckweg nach links, durch die Unterführung, an der Ampel das Deutschherrnufer queren).* Ist die Gerbermühle geschlossen, bietet sich stadtwärts am Fluss die Riege der Rudergaststätten zur Einkehr an. Seit Kurzem führt ein ausgeschilderter Rundwanderweg »Auf Goethes Spuren«. Das Signet entwarf der Frankfurter Karikaturist Hans Traxler frei nach Tischbeins »Campagna«-Porträt des Dichterfürsten.

2 MARKTGESCHICHTEN AUS DEM ALTEN FRANKFURT

Dieser Spaziergang, der zwischen Römerberg und Zeil entlang führt, dauert rund zwei Stunden.

Vor der Ostzeile des *Römerbergs (S. 23)* markiert ein kleiner, rekonstruierter Sandsteinbrunnen den Startpunkt dieser Tour. Ursprünglich wuschen an ihm die Frankfurter Hockinnen ihre Hände und Ware. Die Marktweiber, die mit ihren derben Röcken auf niederen Schemeln hockten, betrieben ihr Geschäft aber nicht nur direkt auf dem Rathausplatz. Das ganze Areal östlich von ihm diente bis ins späte 19. Jh. der Versorgung der Frankfurter. Vor dem *Steinernen Haus* etwa wurden Kräuter gehandelt, im *Rapunzelgässchen* Salat. Vor dem *Technischen Rathaus* waren der Kraut- und der Hühnermarkt angesiedelt, wo neben Federvieh auch Eier, Milch, Butter und Käse angeboten wurden. Gegenüber, an der

Stelle der heutigen *Kunsthalle Schirn (S. 41)*, lag das Areal der Metzger. Ihre Verkaufsstände im Erdgeschoss der nur 2,5 m breiten Häuser entstanden, indem sie die Holzläden vor den Fenstern aufklappten und daraus Tisch und Dach machten. Diese Konstruktion nannte man Schirn. Geschlachtet wurde nur wenige Meter weiter, auf einem Areal parallel zum Main (heute Wohnanlage). Die Därme wurden im Fluss gewaschen, das Blut der Tiere zog dort oft eine rote Spur. Westlich des Schlachthofs hatte die Fischerzunft ihr Domizil *(Große Fischergasse)*. Hier öffnet sich heute die Terrasse des *Café Metropol*. Am *Weckmarkt* boten die Kucheweiber Brot und Gebäck an.

Im *Kannengießergässchen* löschten nicht nur die Lohnkutscher ihren Durst, die von den großen Gasthäusern in der Fahrgasse aufbrachen bis nach Frankreich und Italien. Im April 1873 eskalierte in dieser Gasse der Zorn einiger Bürger über die Brauereien, die seit Monatsbeginn den Schoppen Gerstensaft um 5 Kreuzer teurer verkauften, zum »Großen Batzenbierkrawall«. Fast 20 Schänken und Brauereien wurden bei der blutigen Auseinandersetzung zerstört, Hunderte von Menschen verhaftet. Die Brauereien beugten sich schließlich und schenkten das Bier wieder für 4 Kreuzer (= 1 Batzen) aus.

Kostümführung durch die Altstadt mit der »Zwiwwel-Els«

Fünf Jahre nach dem Krawall verfügten die Ratsherren die Verlegung des Markttreibens an die Stelle der ehemaligen Kasernen der Stadtmiliz *(Reineckestr.)*. Eine Halle hatten sie dafür erbauen lassen, mehr als 100 m lang, mit 900 Ständen. Trotzdem fanden nicht alle Hockinnen dort Platz. Viele mussten weiter im Freien verkaufen, wie zuvor um Römer, Dom und auf dem *Liebfrauenplatz*. Dorthin (und in die Töngesgasse) wurde nämlich vor dem Bau der Markthalle der Wochenmarkt verlegt, wenn sich auf dem Samstagsberg die Messehändler breit machten. Vornehme *buddike* (Boutiquen) säumten damals den Liebfrauenberg; Spitzen, Bordüren, Knöpfe, Broschen, Schirme, Galanteriewaren und Seide konnte man hier kaufen. *Unter dem Titel »Mit gutem Herz und bösem Maul« bietet die Kulturothek eine Kostümführung zu den Marktstätten an (Tel. 28 10 10).*

3 JÜDISCHE SPURENSUCHE

Vom Osten der City bis ins Westend folgen Sie den Spuren eines Bevölkerungsteils, der Frankfurt lange Zeit prägte. Zwei bis drei Stunden mindestens sollten Sie sich dafür Zeit nehmen.

Ludwig Börne, Max Beckmann, die Rothschilds, die Oppenheimers, Paul Ehrlich, Martin Buber – alles Namen, die eng verknüpft sind mit Frankfurt. Ob Dichter, Banker, Philosophen oder Wissenschaftler – sie kamen in der Stadt am Main zur Welt, sie lebten und wirkten hier. 30 000 jüdische Bürger zählte Frankfurt einst, das waren mehr als fünf Prozent der Bevölkerung. Noch Anfang des 20. Jhs. prägten sie den Alltag der Stadt. An hohen jüdischen Feiertagen blieben die großen Kaufhäuser auf der Zeil geschlossen, ruhten die Geschäfte an der Börse. Jüdische Privatbanken wickelten um 1930 fast zwei Drittel des örtlichen Finanzgeschäftes ab; 1939 förderten mehr als sechzig jüdische Stiftungen Kunst und Wissenschaft in der Stadt, unterstützten Kranke und Waisen. Nach der Deportation (von der Großmarkthalle aus) brachen ganze Wirtschaftszweige zusammen.

Die Spurensuche beginnt am *Alten Jüdischen Friedhof* an der Battonnstraße. Der Friedhof ist von seiner Geschlossenheit und historischen Kontinuität her einmalig auf der Welt. Die Grabinschriften weisen bis ins 13. Jh. zurück. Sie liegen versteckt hinter einer hohen Mauer, in die eine Vielzahl kleiner Gedenktafeln eingelassen ist, nur wenige Schritte entfernt vom Börneplatz. An seiner Ostseite, genau gegenüber dem Dominikanerkloster, steht der Neubau der Stadtwerke. Unerwartet hatte man hier Ende der 80er-Jahre bei Ausschachtungsarbeiten für den riesigen Verwaltungskomplex gut erhaltene Reste des bis ins 19. Jh. existierenden Judenghettos entdeckt. Nach kämpferischen Protesten wurden die Ruinen als Mahnmal bewahrt und sind nun als Dependance des *Jüdischen Museums (S. 40)* der Öffentlichkeit zugänglich.

Teile des Judenviertels wurden bereits 1460 angelegt; ausgehend von der mittelalterlichen Stauffenmauer, von der (parallel zur Fahrgasse) noch Teile erhalten sind. Hier stand auch bis 1944 das Haus »Zum Roten Schild«, Stammhaus der Bankiersfamilie Rothschild. Nahe dem Dom errichtete die jüdische Gemeinde schon im 11. Jh. die erste Synagoge Frankfurts; heute existieren insgesamt sechs jüdische Gotteshäuser in der Stadt.

Durch die Bethmannstraße, vorbei am Karmeliterkloster gelangen Sie an den Untermainkai. Im ehemaligen Palais der Bankiersfamilie Rothschild ist das *Jüdische Museum (S. 40)* untergebracht. Durch die westlichen Wallanlagen (Untermain-, Gallus- und Taunusanlage), wo Sie an der Straße Taunustor vor der Zentrale der Deutschen Bank die Max-Bill-Skulptur *Unendliche Schleife* (1986) entdecken, spazieren Sie nun zur *Alten Oper (S. 76)*. Das Café-Bistro dort ist der ideale Ort für eine Pause. Danach geht es durch den linker Hand liegenden *Rothschildpark* ins Westend.

In der Freiherr-von-Stein-Straße steht seit 1911 die *Westend-Synagoge*, das größte jüdische Gotteshaus der Bundesrepublik. In der Westendstraße wurde Mitte der 80er-Jahre das neue *Jüdische Gemeindezentrum* errichtet, ein wie eine Festung gesicherter Bau mit einem koscheren Restaurant.

Mit der U-Bahn geht es nun zum historischen *Hauptfriedhof*. Innerhalb seiner Mauern liegt auch der *Neue Jüdische Friedhof*. Auf ihm befinden sich u. a. die Familiengruft der Rothschilds, die letzte Ruhestätte von Paul Ehrlich, der in Frankfurt das erste wirksame Mittel gegen Syphilis entwickelte, das Grab des Malers Moritz Daniel Oppenheim sowie des Begründers der Frankfurter Zeitung, Leopold Sonnemann. Auch Berta Pappenheim, eine der herausragenden Frauen- und Sozialpolitikerinnen des frühen 20. Jhs., wurde hier beigesetzt. Die gebürtige Wienerin ging, nachdem sie an Hysterie erkrankt war, durch Sigmund Freud als »Der Fall Anna O.« in die Geschichte der Psychoanalyse ein. Sie starb infolge eines Verhörs durch die Gestapo 1936. Anne Frank war damals bereits mit ihren Eltern vor den Nazis nach Amsterdam geflohen. In ihrem Versteck in der Prinsengracht begann sie mit ihrem berühmten Tagebuch. Anne wurde am 12. Juni 1929 in Frankfurt geboren. Ihre ersten vier Lebensjahre verbrachte sie im Marbachweg 307. 1944 wurde sie von Hitlers Schergen ins Konzentrationslager Auschwitz, später nach Bergen-Belsen deportiert. Dort starb Anne wenige Wochen vor der Befreiung an Typhus – im Alter von nur 16 Jahren. In der *Hansaallee 150,* nur wenige Hundert Meter von ihrem Elternhaus, erinnert die *Jugendbegegnungsstätte Anne Frank* Insider Tipp an das Schicksal des jüdischen Mädchens *(Fr–So 14–18 Uhr, www.jbs-anne-frank.de)*.

Auf dem dritten Spaziergang kommen Sie durch den Rothschildpark

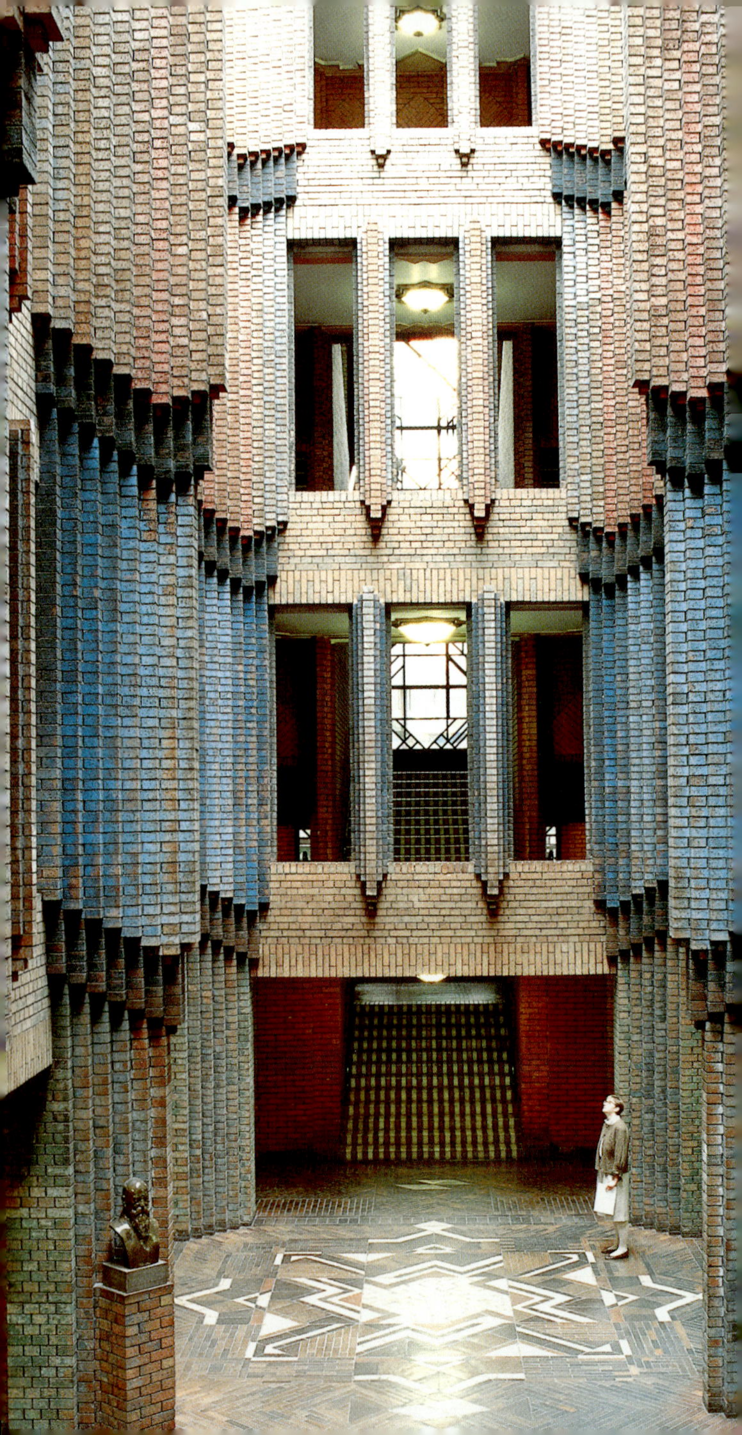

Römer, Wein und Backsteinkunst

Für jeden etwas: ein lebendiges Kastell mitten im Wald, die reizvolle Welt des Rheingaus und kühne Industriearchitektur an den Ufern des Mains

Alles in einem: Die Generalkarte Großblatt Nr. 9 im Maßstab 1 : 200 000 (Rheinland-Pfalz, Saarland, Hessen-Süd) begleitet Sie auf den hier beschriebenen Ausflügen.

INDUSTRIEKULTUR AM FLUSS

Kühne Architekturbeispiele aus dem späten 19. und frühen 20. Jh. sehen Sie auf dieser Fahrradtour entlang des Mains (2–4 Std.; je nach Kondition, Abstechern und Pausen).

Die Fahrradtour beginnt im *Frankfurter Osthafen* **[105 F5]**, von Kaiser Wilhelm 1912 als zweiter Frankfurter Hafen offiziell eröffnet. Zusammen mit seiner Infrastruktur umfasste er damals eine Fläche fast so groß wie das gesamte Stadtgebiet. Nach Plänen von Peter Behrens entstand hier an der Schielestraße bereits 1910 das *Gaswerk Ost*, einer der modernsten Zweckbauten seiner Zeit mit Wohn-, Verwaltungs- und Sozialgebäude, Werkstatt, Uhren- und Reglerhaus. Peter Behrens gehörte ab 1899 zu den führenden Köpfen der Darmstädter Künstlerkolonie und war Lehrmeister u. a. von Ludwig Mies van der Rohe, Walter Gropius und Le Corbusier. Leider rottet sein Werk trotz Denkmalschutz heute vor sich hin. Etwas besser steht es um die *Hafenmühle (Franziusstr. 15–20)* samt ihrem neoklassizistischen Schachtsilo.

Über die *Honsellbrücke* **[105 E5]** mit ihrem Raubkatzenschmuck (1910) aus Stein radeln Sie nun zum Gelände der *Großmarkthalle.* »Gemiesekersch« (Gemüsekirche) nennen die Einheimischen liebevoll den 1928 von Martin Elsässer errichteten Bau mit seinen 15 Tonnengewölben. Der 220 m lange und bis zu 23 m hohe Komplex im Stil der Neuen Sachlichkeit galt seinerzeit als größter Eisenbetonbau der Welt. Bis Mitte 2004 lief noch der Marktbetrieb. 2009 bezieht auf dem Gelände die Europäische Zentralbank ihr neues Domizil. Die historische Halle wird in den Neubau integriert. Bereits saniert ist die *Weseler Werft.* Das neue »Wohnen am Fluss« zeigt sich dort in Gestalt mehrerer Etagen-

Ein schönes Beispiel Frankfurter Industriearchitektur: das Verwaltungsgebäude der Höchst AG

blocks. Ein Muss: der Blick zurück zur Deutschherrnbrücke mit ihrer Eisenfachwerkkonstruktion.

Biker mit guter Kondition legen nun einen Abstecher ein und düsen durch die Obermainanlage, vorbei am Zoo bis hinauf zur Waldschmidtstraße, wo sich hinter uralten Bäumen die *Naxos-Halle* **[105 D5]** versteckt. Ihr schräg gegenüber reckt der *Mousonturm* seine Klinkermauern in den Himmel. In der ehemaligen Seifenfabrik gibt es neben Kultur auch Speis und Trank. Dann geht es zurück zum Fluss. Nun gilt es zu entscheiden, ob man auf die *Sachsenhäuser Seite* **[104 C5]** wechseln und vom Tiefkai (wo im Sommer das *Maincafé* boomt) den Blick auf die Frankfurter Skyline genießen will, oder weiterradelt hippdebach **[108–109 A–D1]**. Zur warmen Jahreszeit lädt dort die *Hafenbar* zum Halt oder das Caférestaurant *Nizza*.

Insider Tipp

Im Westhafenviertel lugen zwischen den modernen Wohnkuben noch geklinkerte Lagerhäuser mit Jugendstilelementen hervor. Wieder ist ein Abstecher möglich, zur *Kleyerstraße*. Hier stehen die *Adlerwerke*, in denen Heinrich Kleyer bereits ab 1887 Fahrräder produzierte, später auch Schreibmaschinen sowie einen eigenen Automobiltyp und Motorräder. Heute beherbergen die ehemaligen Fabrikgebäude die Volkshochschule und das Gallus-Theater *(www.gallustheater.de, S. 77)*.

Über die *Friedensbrücke* erreichen Sie jetzt das Südufer des Mains, radeln vorbei an dem Komplex eines neuen Versicherungsgebäudes und der Universitätskliniken. Unter der Main-Neckar-Eisenbahnbrücke hindurch erreichen Sie das ehemalige Wäscherdorf *Niederrad* **[107 D4]**. Dort steht am Ufer das *Alte Klärwerk* von 1887, die erste mechanisch betriebene Großkläranlage in Europa. Über die Griesheimer Staustufe (1936) und das zum Main hin gartengrüne Schwanheim führt die Route nun hinein in eine ländliche Flussland-

Im Umkreis des Höchster Schlosses findet sich viel Fachwerkromantik

schaft mit Feldern, Bäumen und Weiden. Auf dem ehemaligen Leinpfad gelangen Sie bis zum Fähranleger nach *Höchst* **[106 B5]** mit seiner malerischen Altstadt und dem neu gestalteten Flussufer. Westlich von ihr entstand 1920–1924 nach Plänen von Peter Behrens die Hauptverwaltung der Farbwerke Höchst. Der Gebäudekomplex fiel in seiner expressionistischen Formensprache so zeichenhaft aus, dass aus Turm und Brücke das Unternehmenslogo gewonnen werden konnte. Im zentralen Teil des fast 150 m langen Backsteinbaus schuf Behrens zudem mit dem »Kuppelsaal« eine Art Kathedrale der Arbeit *(Besichtigung jeden letzten Freitag im Quartal, 14–16.30 Uhr. Besucher melden sich mit Personalausweis am Tor Ost des Industrieparks Höchst, Tel. 305 71 79).* Die Rückfahrt führt per Rad längs der Nidda, oder Sie nehmen die S-Bahn (1/2).

ZU RÖMERN UND HESSEN

Antike Vergangenheit und ländliche Baukunst werden lebendig bei dieser Fahrt in den Taunus. Sie besuchen ein römisches Kastell und ein lebendiges Museumsdorf (60 km, mind. Halbtagestour).

Auf der A 5 fahren Sie bis zum Bad Homburger Kreuz, dann auf die A 661 bis nach Bad Homburg und von dort folgen Sie der B 456 bis zur Saalburg.

Zur Römerzeit war die *Saalburg* **[111 E3]** ein Kastell, das der Bewachung eines Limesabschnitts im Taunus diente. Die erste Anlage entstand um 83 n. Chr. Vom Mittelalter an verfiel das Bauwerk, diente als Steinbruch. Erst Mitte des 19. Jhs. begannen erste archäologische Grabungen. Kaiser Wilhelm II. veranlasste 1897 die Rekonstruktion des Kastells – als bis heute einzigem des gesamten römischen Verteidigungswalls. Wieder erbaut wurden die Principia mit Fahnenheiligtum, Truppenkasse, Speisezimmer und Versammlungshalle sowie Getreidespeicher und Kommandantenhaus. Auch Bäder und Schanzen sind wieder zu sehen. Neben einem Forschungsinstitut birgt die Anlage heute ein *Museum römischer Geschichte* mit Münz-, Geräte- und einzigartiger Schuhsammlung sowie einem Café mit z. T. antikem Ambiente und römischen Speisen. Das Veranstaltungsangebot reicht vom aktiven Brotbacken nach antikem Rezept über Vorführungen römischer Kleidung bis hin zu geführten Limeswanderungen. *Römerkastell Saalburg, März–Okt. tgl. 9–18, Nov.–Feb. tgl. 9–16 Uhr, 3 Euro, Museumscafé März–Ende Okt. Di–So 10–18, Nov., Dez., Feb. 12–16 Uhr, Tel. 06175/937 40, www.saalburgmuseum.de, S 5, Bad Homburg, dann Stadtbus 5*

Autofahrer können eine Fahrt zur Saalburg gut kombinieren mit einem Besuch des *Hessenparks* **[111 D3]**. Das 1974 gegründete Freilichtmuseum dokumentiert anhand von rund 90 Gebäuden 400 Jahre ländliche Baugeschichte in ganz Hessen. Gutshof, Tagelöhnerkate, Gasthaus – alles ist vertreten in dem künstlichen Dorf. Rund Hundert Bauwerke sind noch gelagert und warten auf ihre Wiedererrichtung. Jährlich wird mindestens ein Gebäude unter den Augen der Besucher originalgetreu rekonstruiert. Auch andere traditionelle Handwerkskünste werden im Freilichtmuseum vorgeführt: Schmieden, Pfeifen-, Seifen- und Bürstenmachen, Blaufärben, Köhlern, Besenbinden, Drechseln etc. Zum Museumsdorf gehören auch viele Tiere, von frei laufenden Hühnern und Enten bis zum Rhönschaf und seltenen Rinderrassen. Sogar übernachten kann man im Hessenpark *(Landhotel, 60 Zi., Tel. 06081/ 446 70, Fax 446 71 00, www.landhotel-zum-hessenpark.de, €€). Freilichtmuseum Hessenpark, Laubweg, Neu-Anspach, März–Ende Okt. tgl. 9–18 Uhr, 5 Euro, Tel. 06081/58 80, www.hessenpark.de, Taunusbahn ab Frankfurt Hbf. oder Bad Homburg bis Wehrheim bzw. Anspach, von dort Bus 514*

AUSFLUG IN DEN RHEINGAU

Ein berühmtes Kloster, herrliche Flusspanoramen und typische Weinorte erwarten Sie auf diesem Ganztagesausflug (ca. 150 km); dazu haben Sie die Möglichkeit, zwischendurch ein kleines Stück zu wandern und eine Schiffstour zu unternehmen.

Die A 66 führt vom Main zum Rhein. Fahren Sie bei Wiesbaden über das Schiersteiner Kreuz hinaus, bis die Autobahn in die B 42 übergeht. Möglich ist die Ausfahrt schon bei *Eltville* **[110 B4]** mit seinem schönen historischen Kern und der Restaurantterrasse der Burg Crass direkt am Rhein. Oder Sie fahren bis zur Ausfahrt *Kiedrich.* In dem Weindörfchen steht mit der Pfarr- und Wallfahrtskirche *St. Valentinus* eines der schönsten Gotteshäuser der Region. Seine Schätze, darunter die älteste bespielbare Orgel Deutschlands, sind nur sonntags nach der Messe zugänglich, bei der die Kiedricher Chorbuben oft gregorianische Choräle singen.

Von Kiedrich folgen Sie der Beschilderung bergan nach *Kloster Eberbach* **[110 B4]**, einem der eindrucksvollsten Denkmäler mittelalterlicher Klosterbaukunst in Europa. Die ehemalige, von Bernhard von Clairvaux 1136 gegründete Zisterzienserabtei mit ihren romanischen und frühgotischen Innenräumen war Schauplatz der Verfilmung von Umberto Ecos Roman »Der Name der Rose«. Seine Weltgeltung verdankt Kloster Eberbach dem Wein: seit mehr als 800 Jahren wird hier gekeltert. Der historische Weinkeller ist ein echtes Juwel *(April–Okt. tgl. 10–18, Nov.–März tgl. 11–17 Uhr, 3,50 Euro, www.kloster-eberbach.de).*

Vorbei an renommierten Weinlagen wie Hallgarten geht es nach *Oestrich-Winkel.* Das 1075 erbaute Graue Haus, Stammsitz der Grafen Greiffenclau, ist wohl das älteste Steinhaus Deutschlands. Im Brentanohaus am Lindenplatz schmeckte schon Goethe der Riesling. Hinter der blauen Tür des Weinguts Allendorf *(Kirchstr. 69, Winkel, tgl. 8–12 u. 13–18 Uhr, Tel. 06723/918 50, www.allendorf.de)* erleben Sie Wein mit allen Sinnen. Riechgläser und ein Lichtraum mit wechselnden Farben versprechen verblüffende Erfahrungen mit dem Rebensaft.

Rüdesheim heißt die nächste Station. Wer sich dort nicht mit den

Massen durch die Drosselgasse schieben möchte, tut es Goethe, Heine, Brentano, den Brüdern Grimm und Paganini gleich und besucht die *Brömserburg.* In ihrem Gemäuer ist heute das *Rheingauer Weinmuseum* untergebracht *(Tel. 06722/23 48, www.rheingauer-weinmuseum.de, 3 Euro).* Von Rüdesheim gelangen Sie mit der Seilbahn hinauf zum *Niederwalddenkmal* mit herrlichem Rheinblick. Oder Sie folgen dem mit einem gelben Balken markierten Weg und machen eine wunderbare Wald,- Wiesen- und Weinbergwanderung, vorbei u. a. an der *Benediktinerinnenabtei St. Hildegard* und immer wieder mit phantastischen Ausblicken auf das Rhein- bzw. Neckartal (wahlweise 8 oder 13 km, d. h. 2 oder 3 Std.). Alternativ können Sie in Rüdesheim auch auf's Schiff umsteigen – zur Burgenrundfahrt oder zur Loreley, vielleicht sogar bis Koblenz auf einem Schaufelraddampfer *(Informationen: www.roesslerlinie.de, www.k-d.com, www.bingen-ruedesheimer.com).* Für den Rückweg bringt Sie die Fähre von Rüdesheim ins charmante *Bingen.* Der Dichter Stefan George wurde dort 1868 geboren. Außerdem verbrachte die berühmte Benediktinerin Hildegard von Bingen auf dem benachbarten Rupertsberg (im heutigen Bingerbrück) die fruchtbarsten Jahrzehnte ihres Lebens. Reste ihres Klosters sind dort erhalten. Der Schrein des Klosterheiligen befindet sich in der Binger Rochuskapelle. Über das Rotweingebiet *Ingelheim* **[110 B5]** geht es zurück an den Main. Für einen letzten Rebentrunk bietet sich *Hochheim* **[111 D5]** mit Frankfurts städtischem Weingut an: den *hock* von den sonnigen Kalkhängen des kleinen Rheinbruders liebten schon Goethe und Königin Victoria.

Kloster Eberbach: Hoch- und Spätmittelalter brachten neue Möglichkeiten der gotischen Architektur. In der Basilika ertönt oft schöne Choralmusik

Angesagt!

Events, Meetings und Aktionen, die Sie kennen und nicht verpassen sollten

After-Work-Partys
Flirten, tanzen, feiern gleich nach der Arbeit – in der Businesstown Frankfurt boomt diese Art der Freizeitgestaltung. Von 18 Uhr an bieten verschiedene Clubs, Bars und Restaurants Dance-Music mit wechselnden DJs, Sängern oder Livebands. Sogar Kulturstätten wie die Schirn-Ausstellungshalle oder das Museum der Weltkulturen haben den neuen Trend erkannt und stellen ihre Räumlichkeiten für die frühen Feierabendpartys zur Verfügung. Infos in den Stadtmagazinen und auf den Veranstaltungsseiten der Tageszeitungen.

Ungewöhnliche Kinoorte
Sommerzeit ist in Frankfurt auch Kinozeit – und zwar meist an außergewöhnlichen Orten. Je nach Thema des Films steht die Leinwand mal in einer Kirche, mal in einer Omnibushalle oder gar in der Sky Lounge des Postzentrums am Flughafen. Auch Bankhochhäuser, Hafenbecken und Tenniscourts dienten schon als Kulisse für Klassiker und aktuelle Produktionen. Jedes Jahr gibt es andere überraschende Locations. Infos: *www.deutschesfilmmuseum.de*

Karibikfeeling
Frankfurt lässt Beachfeeling einfach auf Kopfstein und Asphalt entstehen. Mit tonnenweise aufgekipptem Sand, Palmkübeln, Wasserbecken und Hängematten. In erster Linie findet sich die Südseeszen(eri)e am Main z. B. im Galerie Beach Club im Osthafen *(www.galerie-frankfurt.de)* und auf der King Kamehameha-Insel im Offenbacher Hafen *(www.king-kamehameha.de)*. Aber auch Clubs und Kneipen in der Stadt wie das Tanzhaus West sind mit von der Partie. Los geht's mit dem *caribbean way of life* übrigens schon im Mai – wenn das Wetter mitspielt.

Klein-Ascot
Schrille Hüte tragen die Frankfurter Pferdenarren selten, dafür sitzt unter ihrer Schädeldecke eine Menge Sachverstand, wenn sie sich an den Rennsonntagen auf der Niederräder Galopprennbahn einfinden. Mit Kennermiene werden die Rosse betrachtet. Schon mit 2 Euro Einsatz sind Sie dabei! *Galopprennbahn, Schwarzwaldstr. 125, Tel. 678 09 00, www.rennklub-frankfurt.de*

Von Anreise bis Wetter

Hier finden Sie kurz gefasst die wichtigsten Adressen und Informationen für Ihre Frankfurtreise

ANREISE

Auto
Von Süden über die A 5, aus Basel/Karlsruhe, von Südosten über die A 3 aus Passau/Regensburg/Nürnberg, von Westen über die A 3 aus Köln, von Norden und Osten über die A 5 aus Hannover/Kassel.

Bahn
Frankfurt hat nur einen Bahnhof, den Hauptbahnhof. An ihm halten alle Personenzüge des Nah- und Fernverkehrs. ICEs und Intercityzüge verkehren stündlich von und nach allen deutschen Großstädten.

Flugzeug
Linienverbindungen gibt es zu allen großen und mittleren Städten. Alle Informationen über das *Fraport-Infofon: Tel. 69 00* oder *Tel. 01805/372 46 36, www.airportcity-frankfurt.de.* Der Flughafen ist an das Bahn- sowie an das S-Bahn-Netz angeschlossen. Die S-Bahnen in die City verkehren im 15-Minuten-Takt, die Fahrt dauert 15 bis 20 Minuten *(3,35 Euro)*. Mit dem Taxi fährt man, je nach Verkehr und Fahrtroute, 20 bis 40 Minuten *(mind. 30 Euro)*.

AUSKUNFT

Tourist-Information Hauptbahnhof Eingangshalle
Tel. 21 23 88 00, Fax 21 23 78 80, www.frankfurt-tourismus.de, Mo bis Fr 8–21, Sa/So 9–18 Uhr

Tourist-Information Römer
Auf dem Römerberg, Tel. 21 23 88 00, Fax 21 23 78 80, Mo bis Fr 9.30–17.30, Sa/So 10–16 Uhr

Mobilitätszentrale Frankfurt Hauptwache
Verkehrsauskünfte und mehr, Zeil-Pavillon, www.traffiq.de, Mo–Fr 9–20, Sa 9–16 Uhr

Hotelhotline
Tel. 21 23 08 08

FAHRRADVERLEIH

Leihbikes des Anbieters Deutsche Bahn stehen an fast jeder größeren Straßenkreuzung *(7 Cent/Min. Entleihzeit, höchstens 15 Euro/Tag)*. Zu mieten sind sie per Telefonanruf *(Nummer auf dem Fahrradschloss)*. Man muss sich nur vorher registrieren lassen *(Tel. 07 00 05 22 55 22, www.callabike.de)*.

INTERNET

Fast jede größere Institution Frankfurts hat ihren eigenen Internetauftritt. Für den ersten Überblick: *www.frankfurt.de* und *www.frankfurt-tourismus.de.* Details und Tipps: *www.frankfurt-online.de, www.frankfurt-interaktiv.de, www.frankfurt.city-map.de*

INTERNETCAFÉS

CybeRyder: *Töngesgasse 31, Tel. 91 39 67 54, www.cyberyder.de, U-/S-Bahnen Hauptwache;* Saturn Internetcafé: *Berger Str. 125–129, Tel. 40 50 12 46, www.saturn.de, U 6 Höhenstr.*

KARTENVORVERKAUF

Ticket- und Info-Hotline Frankfurt/Frankfurt Ticket (Karten für Theater, Oper, Ballett, Konzerthaus, Alte Oper): *Tel. 134 04 00*

NOTFALL

24-Stunden ärztlicher Notdienst: *Tel. 192 92.* Ambulant zu versorgende Notfälle: *Notdienstzentrale Haus Galluswarte, Mainzer Landstr. 265, Notdienstambulanz im Bürgerhospital, Nibelungenallee 37–41;* Apothekennotdienst: *Adressen in den Zeitungen und www.frankfurt.de;* Zahnärztlicher Notdienst Universitätsklinikum Frankfurt: *Theodor-Stern-Kai 7, Tel. 63 01 67 13 (Mo–Fr 7.30–11 und 13–16 Uhr) und tgl. ab 17 Uhr unter Tel. 63 01 58 77*

ÖFFENTLICHE VERKEHRSMITTEL

S- und U-Bahnen sowie Straßenbahnen und Busse können Sie mit derselben Fahrkarte fahren. Preisgünstig ist eine *Tageskarte (4,90 Euro)* für beliebig viele Fahrten bis Betriebsschluss. Mit der *Gruppentageskarte (8 Euro)* können bis zu fünf Personen am Kauftag gemeinsam beliebig viele Fahrten unternehmen. Empfehlenswert ist auch die *Frankfurt-Card (1 Tag/Pers. 8 Euro, 2 Tage/Pers. 12 Euro, erhältlich bei den Tourist-Informationen oder im Reisebüro)*. Sie bietet ermäßigten Eintritt in vielen Frankfurter Museen, in den Palmengarten, den Zoo sowie auf die Flughafenbesucher-Terrassen. Zusätzlich berechtigt die Frankfurt-Card zu beliebig vielen Fahrten in öffentlichen Verkehrsmitteln. In einigen Hotels und in der Jugendherberge kann man für 7,40 Euro das *Hotelgast-Ticket* erwerben. Es gilt auf zwei aufeinanderfolgenden Tagen zur Benutzung aller Busse und Bahnen im Tarifgebiet von Frankfurt einschließlich Flughafen. Zehn *Nachtbuslinien* fahren Freitag und Samstag zwischen 1.30 und 3.30 Uhr halbstündlich ab der Konstablerwache in alle Stadtteile, in die Außenbereiche stündlich. Beim Busfahrer kann ein Taxi für den restlichen Heimweg bestellt werden *(www.nachtbus-frankfurt.de)*.

Was kostet wie viel?

Kaffee	**1,80 Euro** für eine Tasse Kaffee
Schwimmbad	**ca. 3,50 Euro** für eine Eintrittskarte
Apfelwein	**1,50 Euro** für ein Glas Apfelwein
Theater	**ab ca. 10 Euro** für eine Eintrittskarte ins Theater
Handkäs'	**2,60 Euro** für einen Handkäs'
Fahrkarte	**2,10 Euro** für eine Fahrt mit öffentlichen Verkehrsmitteln

STADTRUNDFAHRTEN & -RUNDGÄNGE

Täglich werden Stadtrundfahrten in zehn Sprachen angeboten (2–3 Std., auch Innenbesichtigungen). Abfahrt ist vor der Tourist-Information am Römerberg oder vor jener am Hauptbahnhof. Neben klassischer Historie gibt es auch Themenfahrten (z. B. »Architektur«, »Jüdisches Erbe«). *Pick-up April bis Okt. 10 und 14 Uhr, Nov.–März nur 14 Uhr, Citytours, Tel. 21 23 89 53, citytours@tcf.frankfurt.de.* Flughafen-Rundfahrten Infos unter *Tel. 69 07 02 91.* Stündlich zwischen 13 und 17 Uhr, Sa/So ab 11 Uhr vom Meetingpoint »Flughafen Erlebnisfahrten« auf der Brücke zwischen Terminal 1 und Frankfurt Airport Center.

Ebbelwei-Express

Eine Straßenbahnfahrt der besonderen Art bietet der knallbunte Ebbelwei-Express *(1 Std., 5 Euro, nur Sa/So)*; zu- oder aussteigen kann man an allen Haltestellen. Fahrkarten gibt's beim Schaffner *(www.ebbelwei-express.com)*.

Historische Eisenbahn Frankfurt

Im Frühjahr und Sommer dampft an den Wochenenden ein Nostalgiezug mit einer Lok aus dem Jahr

1934 (Baureihe 01) auf den Gleisen der ehemaligen Hafenbahn vom Eisernen Steg bis zum Bahnhof Mainkur. *Ca. 40 Min. Fahrzeit, 4 Euro, Abfahrt: Griesheim–Übergabebhf. Sa 13, 15, 17, So 10.45, 13, 15, 17 Uhr, Mainkur–Stellwerk Sa 14, 16, So 12, 14, 16 Uhr*

Rundgänge

Die Kulturothek veranstaltet Sonntagnachmittags Stadtbegehungen zu Spezialthemen (z. B. »Literatur«, »Kriminalgeschichte«). *An der Kleinmarkthalle 7, Tel. 28 10 10, www.kulturothek.de).* Der freie Stadtführer Christian Setzepfandt bietet Rundgänge zu Themen wie »Hinterhöfe« und »Schwules Frankfurt« an *(Tel. 94 31 88 63, www.kultours-frankfurt.de).*

Schiffe und Boote

Am Eisernen Steg legen regelmäßig vom stadtseitigen Ufer Ausflugsschiffe zu Kurztrips auf dem Main ab *(Frankfurter Personenschifffahrt, ab 6,20 Euro, www.primus-linie.de, Tel. 133 83 70)*; wer selbst Kapitän spielen möchte, steigt gegenüber am Sachsenhäuser Ufer ins Tret- oder Ruderboot. *Bootshaus Dreyer, 30 Min. 7 Euro, www.bootshaus-dreyer.de, 10–23 Uhr; Bootshaus Wotan, 30 Min. 10 Euro, Tel. 61 75 66*

TAXI

Frankfurts Taxiruf: *Tel. 23 00 01* und *Tel. 25 00 01*; Taxi 33: *Tel. 23 00 33*; Taxi Frankfurt Echofunk: *Tel. 79 20 20*; Velo Taxi: *Tel. 0700VELOTAXI (Buchstaben auf dem Telefon wählen) oder einfach unterwegs anhalten, www.0700velotaxi.de, erster Kilometer 2,50 Euro, jeder weitere Kilometer 1 Euro*

TELEFON & HANDY

Vorwahl für Frankfurt innerhalb Deutschlands 069; überall meist guter Mobilfunkempfang.

Wetter in Frankfurt

	Jan.	Feb.	März	April	Mai	Juni	Juli	Aug.	Sept.	Okt.	Nov.	Dez.
Tagestemperaturen in °C	3	5	11	16	20	23	25	24	21	14	8	4
Nachttemperaturen in °C	−2	−1	2	6	9	13	15	14	11	7	3	0
Sonnenschein Std./Tag	2	3	5	6	8	7	7	6	5	3	2	1
Niederschlag Tage/Monat	11	9	8	9	9	10	10	11	9	9	10	10

Cityatlas Frankfurt

Die Seiteneinteilung für den Cityatlas finden Sie auf dem hinteren Umschlag dieses Reiseführers

Bebaute Fläche Built-up area Terrain bâti	Fußgängerzone Pedestrian precinct Zone piétonne
Öffentliches Gebäude Public Building Bâtiment public	Evangelische Kirche Protestant church Église protestante
Industriegelände Industrial area Zone industrielle	Katholische Kirche Catholich church Église catholique
Wald Wood Bois	Sonstige Kirchen Other churches Autres Églises
Park Park Parc	Post Post office Bureau de poste
Sportplatz Sports field Terrain de sports	Polizeiwache Police station Poste de Police
Friedhof Cementry Cimetière	Krankenhaus Hospital Hôpital
Autobahn Motorway Autoroute	Schule School École
Schnellstraße Motorroad Route à plusieurs voies	Feuerwache Fire station Poste de pompiers
Bundesstraße National road Route national	Öffentliche Biblilthek Public libary Bibliothèque publique
Hauptstraße Main road Route principal	Parkplatz Car park Parking
Stadtgrenze Municipal boundary Limite municipal	Parkhaus Multi-storey car park Parking à plusieurs étages
Eisenbahn Railway Chemin de fer	P+R Parkplatz an S- und U-Bahnhöfen Park and Ride Parcotrain
S-Bahn Suburban railway Train regional	Theater Theatre Théâtre
U-Bahn Underground Métro	Hallenbad Indoor swimming pool Piscine couverte
Einbahnstraße One way street Rue à sens unique	Freibad Open-air swimming pool Piscine de plain air
163 Buslinie Bus route Ligne de bus	Informationsbüro Information centre Bureau de renseignements
Stadtspaziergänge City walks Promenades en ville	Campingplatz Camping site Terrain de camping

Die Kartenprojektion (Hyperboloid)
bewirkt eine Maßstabsveränderung von der Innenstadt zu den Außenbezirken. Dadurch kann das Stadtzentrum lesbarer dargestellt werden (Lupeneffekt).

Das schwarze Gitternetz dient zum Messen der Entfernungen; der Abstand von Linie zu Linie beträgt genau einen Kilometer.

103
108
44
200m
A
B
C
1
2
3
4
5
Bockenheimer Landstr.
Bockenheimer
Bockenheimer Weg
Reuter
Staufenstr.
Liebigstr.
Kronberger Str.
Frh.-v.-Stein-Str.
Wiesenau
Myliusstr.
Odina-Bott-Pl.
Wöhlerstr.
Unterlindau
Oberlindau
Rothschildpark
Ignatius
Gärtner
Leerbach
An der Welle
Im Trutz Frank
Mozart pl.
Bettina sch.
Zentrale f. Arb.-vermittl.
Brentanostr.
Barckhausstr.
Kettenhofw.
Kettenhof weg
Bachstr.
Handwerkskammer
Alte Oper
B. Anst. f. Flugsichg.
Opern pl.
Alte Oper
Hochstr.
Kaiserhof
Kl. Hochstr.
Fraßgass
Gr. Bockenheim
Kl. Bockenhm.
Goethe
Lugins-land
Neue Mainzer Str.
Neue Rothofstr.
Junghofstr.
Guiollett str.
Guiollettstr.
Guiollett Dkm.
Elsa-Brändström-Pl.
Ulmenstr.
Niedenau
Klüberstr.
Feuerbach
Westend-pl.
Rüsterstr.
Taunusanlage
Taunusanlage
S8 S9
S1-6
Beethoven Dkm.
Heine Dkm.
Schiller Dkm.
Neue Schlesinger G.
Albert-Schweitzer-Zentrum
Westend
Zimmerweg
Mainzer Landstr.
Marienstr.
FBC
DEGI
Neue Niedenau
Deutsche Bundesbank Hauptverwaltung Frankfurt a. M.
Weserstr.
Blittersdorffpl.
Elbestr.
Niddastr.
Moselstr.
Karlstr.
DB Sozial-verw.
Taunus Tor
Gr. Gallusstr.
Kirchnerstr.
Kaiserstr.
Mainzer
Denkm. d. Opfern
Goethe Dkm.
Gallusanlage
Europ. Zentral-bank
Neckarstr.
Jürgen-Ponto Pl.
Taunusstr.
Düsseldorfer Str.
Am Hauptbahnhof
Hauptbhf.
U5
Hess. Str.-bauamt
11 12
Staatsbauamt
Willy-Brandt-Pl.
Oper
Friedensstr.
Schauspiel
Jüdisches Museum
Untermainanl.
Verkehrsamt
Hofstr.
Untermain
Anlagen
Weißfr. K.
Ebbelwei-Express
Münchener Str.
Lufthansa Stadtbüro
Karmel. Sch.
U4
Weserstr.
Mainluststr.
Bus-bf.
Hbf. Passage
10 12 15 20
30 32 34 40
50 55 60 61
64 70 80
Baseler Str.
Gutleutstr.
Leuschner Str.
Windmühlstr.
Gew. u. Aufsichtsamt
Landesa. f. Em.
Kai
Nizza
Aug.-Henze Sch.
Wiesenstr.
Wiesenhüttenpl.
Mannheimer Str.
Karlsruher Str.
Pforzheimer Str.
Stuttg.
Baseler Pl.
Wilhelm-Leuschner-Str.
Wiesenhüttenstr.
Gewerkschaftshaus
Untermainkai
Holbeinsteg
Flohmarkt
Schaumainkai
Dürerstr.
Städelsch. Kunstinst.
Gutleut K.
Holbeinstr.

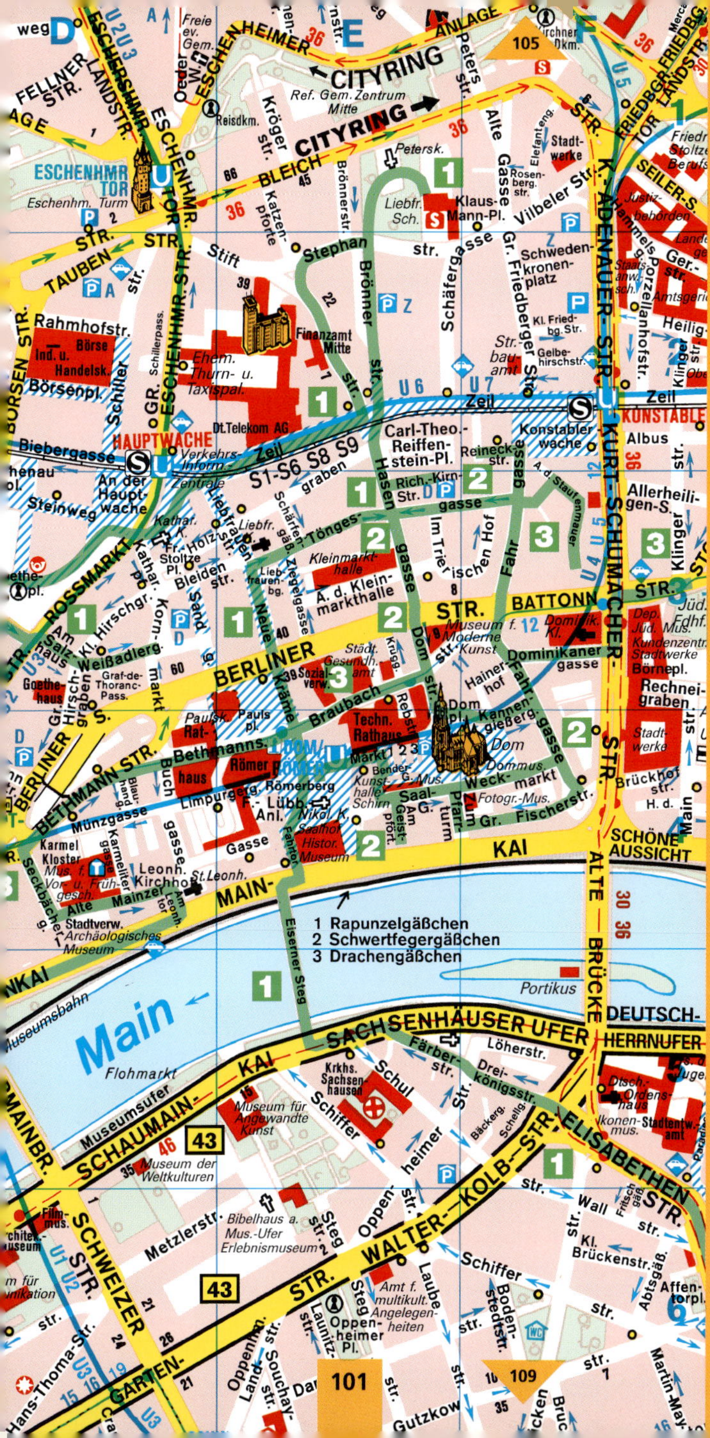
105
101
109
CITYRING
ESCHENHEIMER ANLAGE
Ref. Gem. Zentrum Mitte
ESCHENHMR TOR
Eschenhm. Turm
FELLNER STR.
ESCHERSHMR LANDSTR.
BLEICH STR.
TAUBEN STR.
Stephan str.
Brönner str.
Finanzamt Mitte
Liebfr. Sch.
Klaus-Mann-Pl.
Petersk.
Peters str.
Alte Gasse
Vilbeler Str.
Schwedenkronenplatz
Schäfergasse
Gr. Friedberger Str.
Stadtwerke
Rahmhofstr.
Börse
Ind. u. Handelsk.
Börsenpl.
BÖRSEN STR.
Ehem. Thurn- u. Taxispal.
Dt.Telekom AG
HAUPTWACHE
Verkehrs-Inform.-Zentrale
Biebergasse
Zeil
S1-S6 S8 S9
U6
U7
Konstablerwache
KONSTABLERWACHE
Carl-Theo.-Reiffenstein-Pl.
Reineck-str.
An der Hauptwache
Steinweg
Kathar. K.
Liebfrauen str.
Tönges gasse
Kleinmarkthalle
A. d. Kleinmarkthalle
Hasengasse
Im Trierischen Hof
Fahrgasse
BATTONN STR.
KURT-SCHUMACHER-STR.
K.-ADENAUER-STR.
Allerheiligen-S.
Klinger str.
ROSSMARKT
Goethehaus
Weißadlerg.
Graf-de-Thoranc-Pass.
Kornmarkt
BERLINER STR.
Neue Kräme
Städt. Gesundh. amt
Museum f. Moderne Kunst
Dominik. Kl.
Dominikanergasse
Börnepl.
Rechneigraben
Paulsk.
Pauls pl.
Braubach
Techn. Rathaus
Dom
Dommus.
Domplatz
Kannengießerg.
Rathaus
Römer
Römerberg
Bethmanns.
BETHMANN STR.
Limpurgerg.
Münzgasse
Kunsthalle Schirn
Saalhof Histor. Museum
Weckmarkt
Gr. Fischerstr.
Fotogr.-Mus.
Brückhofstr.
Stadtwerke
SCHÖNE AUSSICHT
MAIN-KAI
Karmel Kloster
Mus. f. Vor- u. Frühgesch.
Leonh. Kirchhof
St.Leonh.
Alte Mainzer G.
Stadtverw.
Archäologisches Museum
1 Rapunzelgäßchen
2 Schwertfegergäßchen
3 Drachengäßchen
Eiserner Steg
ALTE BRÜCKE
Portikus
Main
Museumsbahn
Flohmarkt
SACHSENHÄUSER UFER
DEUTSCHHERRNUFER
Löherstr.
Färberstr.
Dreikönigsstr.
Krkhs. Sachsenhausen
Schulstr.
Schifferstr.
Museum für Angewandte Kunst
SCHAUMAIN-KAI
Museumsufer
Museum der Weltkulturen
MAINBR.
SCHWEIZER STR.
Metzlerstr.
Bibelhaus a. Mus.-Ufer Erlebnismuseum
Oppenheimer str.
WALTER-KOLB-STR.
ELISABETHEN STR.
Wallstr.
Kl. Brückenstr.
Affentorpl.
Amt f. multikult. Angelegenheiten
Oppenheimer Pl.
Laube str.
Bodenstedtstr.
GARTEN-STR.
Hans-Thoma-Str.
Souchay-str.
Gutzkow str.
Martin-May-str.
Dtsch.-Ordenshaus
Ikonen-mus.
Stadtentw.-amt
Justizbehörden
Amtsgericht
Heiligkreuzg.
SEILER-S.
FRIEDBG. LANDSTR.
Friedr. Stoltze

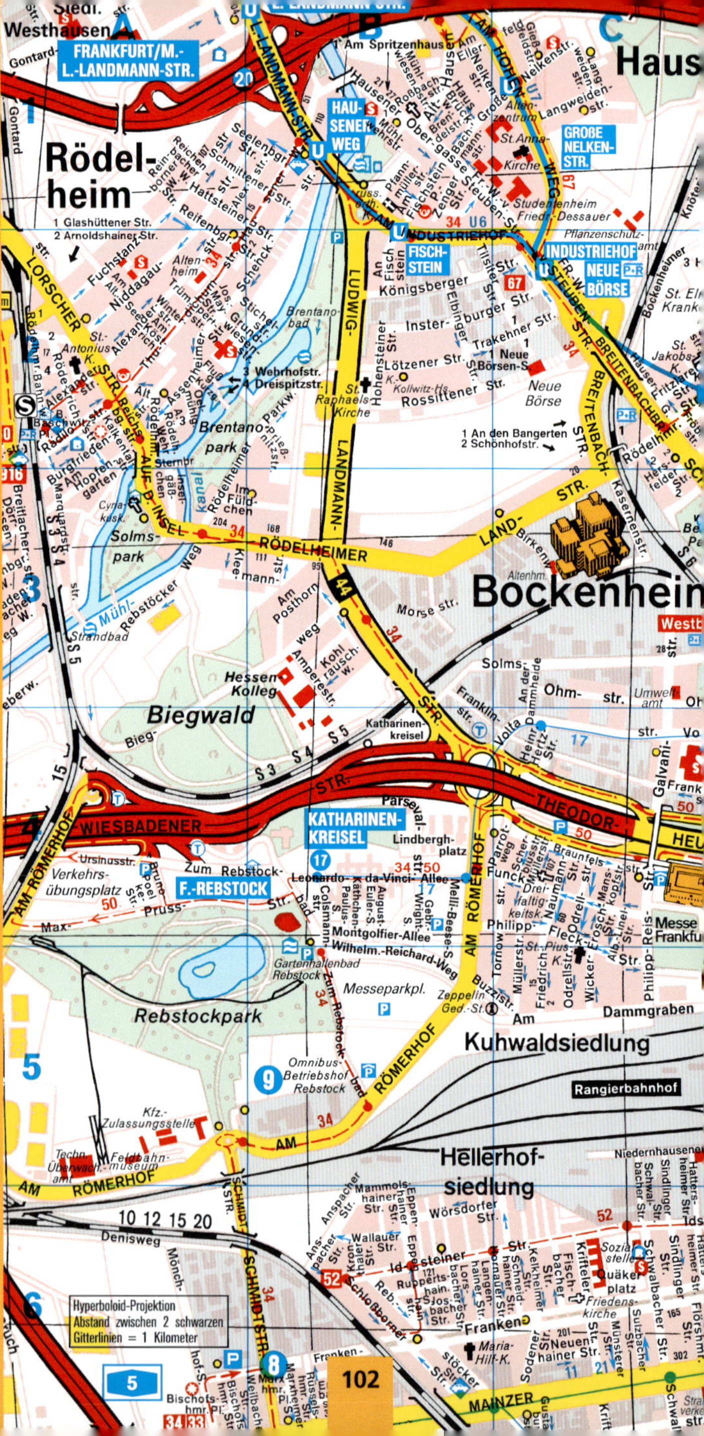
Rödelheim
Bockenheim
Hausen
Westhausen
FRANKFURT/M.-L.-LANDMANN-STR.
HAUSENER WEG
GROßE NELKEN-STR.
FISCH-STEIN
INDUSTRIEHOF NEUE BÖRSE
KATHARINEN-KREISEL
F.-REBSTOCK
L.-LANDMANN-STR.
LUDWIG-LANDMANN-STR.
LORSCHER STR.
RÖDELHEIMER LANDSTR.
BREITENBACH-STR.
AM HOHEN WEG
WIESBADENER STR.
THEODOR-HEUSS-
AM RÖMERHOF
SCHMIDTSTR.
MAINZER
Brentanopark
Brentanobad
Solmspark
Biegwald
Hessen-Kolleg
Rebstockpark
Gartenhallenbad Rebstock
Messeparkpl.
Kuhwaldsiedlung
Rangierbahnhof
Hellerhof-siedlung
Omnibus-Betriebshof Rebstock
Kfz.-Zulassungsstelle
Feldbahn-museum
Techn. Überwach.-amt
Verkehrs-übungsplatz
Neue Börse
St. Raphaels-Kirche
St. Anna-Kirche
St. Antonius K.
St. Pius K.
Maria-Hilf-K.
Studentenheim Friedr.-Dessauer
Katharinen-kreisel
Messe Frankfu
1 Glashüttener Str.
2 Arnoldshainer Str.
3 Wehrhofstr.
4 Dreispitzstr.
1 An den Bangerten
2 Schönhofstr.
Hyperboloid-Projektion
Abstand zwischen 2 schwarzen Gitterlinien = 1 Kilometer

66
FRANKFURT/M. MIQUELALLEE
Miquelanlage
MIQUEL-
21
Institut für wissenschaften der Goethe-Universität
Deutsche Bundesbank (Zentrale)
Anglik. Kirche
Botan. Garten
Grüneburgpark
Goethe-Universität
Biologische Inst. d. Goethe-Universität
(Campus Westend)
Palmen-garten
Parkeisenbahn
1 Erich-Fromm-Pl.
Grüneburg-weg
MIQUEL-ALLEE
ZEPPELINALLEE
Zeppelinallee
Frauenlob-str.
Diebsgrundweg
Broßstr.
Ditmarstr.
Cretzschmarstr.
Am Leonhardsbrunn
Lilienthalallee
G.-Groenhoff-Str.
Franz-Rücker-Allee
LANDSTR.
GINNHEIMER
Georg-Speyer-Str.
Bernusstr.
Sophienstr.
Falkstr.
Leipziger Str.
LEIPZIGER STR.
Markgrafenstr.
Juliusstr.
Basaltstr.
Marburger Str.
Hessenpl.
Große Seestr.
Kurfürstenplatz
Rohmerplatz
Ludolfusstr.
Wildunger Str.
Clemensstr.
Gräfstr.
The Forsythe Company
Theater am Turm
Bockenhmr. Warte
BOCKENHEIMER LANDSTR.
BOCKENHMR. WARTE
Carlo-Schmid-Pl.
Palmengartenstr.
Siesmayerstr.
Rossertstr.
Feldbergstr.
Mylius-str.
Wiesenau
Freiherr-v.-Stein-Str.
Liebigstr.
Inst. d. Uni.
Friedrichstr.
Synagoge
Altkönigstr.
Kronberger Str.
Staufenstr.
Westend
WESTEND
Odina-Both.-Pl.
Ulmenstr.
Niedenau
Kettenhofweg
Guiollettstr.
E.-Brändström-Pl.
Feuerbachstr.
Brentanostr.
Lessingstr.
Lindenstr.
Arndtstr.
Corneliusstr.
Schubertstr.
Schwindstr.
Christusk.
Beethoven-pl.
Dantestr.
Goethe-Universität
Senckenberg-Mus.
Mayer-Phys. Inst.
Adorno-Pl.
Georg-Voigt-Str.
Inst. d. Uni.
Gästehs. d. Uni
Westendstr.
Mendelssohnstr.
Bettinapl.
Bettinastr.
Savignystr.
Westend-pl.
Rüsterstr.
SENCKENBERG-ANL.
Adalbertstr.
ADALBERTSTR.
Jordanstr.
Homburger Str.
Jungstr.
Kiesstr.
Nauheimer Str.
Hamburger Allee
HAMBURGER ALLEE
Katasteramt
Ärztekammer
Deut. Post AG
Ludw.-Erhard-Anl.
Congress Center
Messe Frankfurt
Festhalle
FESTH. MESSE
Hemmerichsweg
Europaviertel (in Planung)
UEC (in Planung)
Europaallee
Gallus-viertel
Güterstr.
Friedrich-Ebert-Anlage
PLATZ D. REPUBLIK
MAINZER LANDSTR.
DG Immobilien City Haus
Rheinstr.
Goethesch.
Blittersdorffpl.
Niddastr.
Mosel-str.
Taunusstr.
Kaiserstr.
Münchener Str.
Düsseldorfer Str.
KARLSTR.
AM HAUPTBF.
HAUPTBHF.
Hauptbahnhof
Lufthansa Stadtbüro
Bahnhof
Wiesenhüttenpl.
GUTLEUTSTR.
BASELER STR.
LEUSCHNER
Baseler Platz
Fam.-Jürges-Platz
Behördenzentrum
Hafenstr.
Hafentunnel
Frankenallee
Lia-Wöhr-Platz
Hohenstaufenstr.
Ludwigstr.
Kölner Str.
Koblenzer Str.
Gutenbergstr.
Speyerer Str.
Heinrichstr.
Messe
Emser Brücke
Hemmerichsweg
Meitner-Str.
Knorrstr.
Galluswarte
Camberger Str.
Weilburger Str.
103
107

Hauptfriedhof
Altes Portal
NIBELUNGENALLEE/ DT.BIBLIOTHEK
MIGUEL-/ADICKESALLEE
ADICKES ALLEE
Polizeipräsidium
Oberfinanz-direktion
NIBELUNGENALLEE
Dt. Bibliothek (in Bau)
HOLZHAUSENSTR.
Holzhausen-Park
GLAUBG.-STR.
Bürgerhosp.
St. Marien-Krankenhs.
Diakonissen-krankenhs.
BREMER PL.
Grüneburgplatz
Körnerdenkmal
GRÜNEBURGW.
MUSTERSCH.
Bethmann-Park
Friedberger Tor
Rothschildpark
ESCHENHEIMER TOR
ESCHENHEIMER ANLAGE
BOCKENHMR. LANDSTR.
Alte Oper
ALTE OPER
Hauptwache
Konstablerwache
Zeil
Taunusanl.
Paulskirche
DOM/ RÖMER
ROSSMARKT
Kaiserdom
BATTONN-STR.
WILLY-BRANDT-PL.
Städt. Bühnen
MAINKAI
Main
Dreikönigsk.
Portikus
SACHSENHÄUSER UFER
DEUTSCH-HERRNUFER
Bahnhofsviertel
SCHAUMAINKAI
Deutsches Filmmus.
Mus. für Kommunikation
Städel
WALTER-KOLB-STR.
SCHÖNE AUSSICHT
ALTE BRÜCKE
108
104
SCHWEIZER

D
E
F
1
2
3
4
5
6
661
Bornheim
Schlinkenw.
Schlinken
Hungener Str.
geplant
Wartburgk.
Butzbacher Str.
Städt. Fuhrpark
Anden Röthen
SECKB. LANDSTR.
U 4
Wöllstädter Str.
Enkheimer
Herrenwäldch.
Am Ried
Hallgartensch.
Sozialstelle
Spillingsgasse
Weidenborn
Luisenhof
Münzenberger Str.
Michaelsk.
Hallgartenstr.
Günthersburg
Bornheimer Fünffingerplätzchen
park
Prüfling
Rendeler
Alt-Bornheim
Berger
Buchwaldstr.
1 Martin-Weber-Pl.
FSV Sportpl.
Böttgerstr.
Rohrbachstr.
Martin-Luther-Str.
Gabelsbgr. str.
Burgstr.
Im Prüfling
103
103N
Saalburgstr.
Heidestr.
Löwengasse
Falltorstr.
Florstädter
Eber
Pestalozzistr.
Pestalozzi-pl.
Ernst-May-Pl.
Schlössinger-Anlage
Max-Bromm
34
BORNH.-MITTE
Saalburgallee
Wittelsbacherallee
Rothschildallee
Höhenstr.
Petterweilstr.
Germaniastr.
St. Josephsk.
Spessartstr.
Mainkurstr.
Roßdorfer
Fechenheimer Str.
Karl-Albert-Str.
Karl-Flesch-Str.
EISSPORTHALLE/ FESTPL.
Festplatz
Saalburgallee
Ratsweg
8
40
Heidestr.
Arnsburger Str.
Bornheimer Landwehr
Gagernstr.
HÖHENSTR.
Berger
Luisenpl.
Landstr.
Scheidswaldstr.
Wittelsbacherallee
Habsburgerallee
Ost-park
Sandweg
Ingolstädter Str.
Nord-Ost-Gem.
Freiligrathstr.
Reinganumstr.
Luxemburgerallee
Parlamentsstr.
PARLAMENTSPL.
Parlamentspl.
Juchostr.
Hauptfriedhof
MERIANPL.
Wingertstr.
Waldschmidtstr.
Dahlmannstr.
Helmholtzstr.
Brüder-Grimm-Str.
Rhönstr.
Waitzstr.
Geibelstr.
Droysenstr.
Schönemann-Steige
Ostparkstr.
Thomasiusstr.
Mousonstr.
GOA Künstl. hs.
Königswarter Str.
Rotkreuzkrankenhs.
Thüringer Str.
Allerheiligen
Brüderkrankenhs.
Pfungstr.
Unterer Atzemer
HABSB. ALLEE
Alfr.-Brehm-Pl.
ZOO
31
Zoologischer Garten
U7
Rhönstr.
Neue Nicolai k.
Röderbergweg
Röderbergweg
Ostpark
Schwedlerbrücke
Schwedlerstr.
Container Terminal Ffm. Ost
Pfingstweidstr.
Grüne
Clementine Kinderkrk.
Hölderlinstr.
Am Tiergarten
Philipp-Reis-Str.
Altenhm.
Henschelstr.
Dt. Telekom AG
55 64
Güterbahnhof Ost
Ferdinand-Happ-Str.
Ausbildungswerkst.
Hanauer Landstr.
Rückertstr.
Kesselstädter Str.
Danziger Pl.
OSTBAHNHOF
Ostbf.
32
U6
Zentralfeuerw.
Windeckstr.
Schichaustr.
Grusonstr.
4,0m
Hanauer Landstr.
Heinz-Raspe-Pl.
Lindleystr.
Osthafen
Nordbecken
Zollamt
Osthafenplatz
Paul-Arnsbg.-Pl.
Ostendstr.
Uhlandstr.
Sonnemannstr.
1 E.-Achilles-Pl.
Großmarkthalle
2 Martin-Elsässer-Weg
Eytelweinstr.
Hagenstr.
Honsellstr.
Mayfarthstr.
Schmickstr.
Schmickbrücke
Südbecken
Vorbecken
Franziusplatz
Franziusstr.
Honsellbrücke
R.-V.-Miller-Str.
Obermainkai
Eyssenstr.
Eckhardtstr.
Flößerstr.
Deutschherrnviertel
Deutschherrnbrücke
Hyperboloid-Projektion
Abstand zwischen 2 schwarzen Gitterlinien = 1 Kilometer
Gerbermühle
Deutschherrnufer
Mainwasenweg
Apothekerhof
Laurenburger Hof
Zum Gipfelhof
Cronberg-Platz
Gerbermühlstr.
Mühlstr.
Deutschherrnufer
50 55
Am Bärengarten
Speckweg
Oberrad
Seehofstr.
Strahlenberger Weg
1 Zum Schlegelhof
Länderweg
46
Lokalbahnhof
Mühlberg
S1 S2
Gärtnersiedlg.

105
109

SULZBACH (Taunus)
Gewerbegebiet Süd
ESCHBORN
ESCHBORN
WIESBADENER STR.
66
H.-Dunant-Siedl.
Robert-Dißmann-Siedl.
Sulzbach
5 Nahestr.
6 Soonwaldstr.
FRANKFURT-HOECHST
Frankfurt
Friedhof Höchst
Sossenheim
Sossenheimer Weg
Sossenheimer W. Str.
KURMAINZER STR.
KÖNIGSTEINER STR.
Linden Viertel
Walter-Kolb-Schule
Höchster Stadtpark
Höchster Strandbad
Im Mittleren
1 H-Baldes-Str.
2 J.-Klohmann-Str.
3 N.-Brum-Str.
4 Blütenweg
5 J.-Dey-Weg
6 Blauglockenweg
7 Am Wäldchen
8 H.-Loskant-weg
9 P.-Wempe-Allee
10 Felsenbirnenweg
11 L.-Jost-Allee
12 P.-Fischer-Str.
1 Schwesternstr.
1 Stupanusstr.
2 Sirenenstr.
3 Weckerlinstr.
Nied
HOSPITALSTR.
Höchst
BOLONGAROSTR.
Bolongaro-Palast
Wörthspitze
Höchst
7 Wilh.-Roser-W.
8 Homolkaweg
9 Eptingweg
10 de-Ridder-W.
10 Am Rosenberg
11 Im Ziegelfeld
12 In der Krümm
1 Schleiferg.
2 Brand
3 Kroneng.
4 Nach d. Brand
5 Wed
6 Alt Höchst
7 Allmeygang
8 Badstubeng.
9 Höchster Markt
Industriepark Hoechst
- AVENTIS -
Leuna-br.
Main
Nidda
Höchster Weg
Leinpfad
Schwanenhof
Hyperboloid-Projektion
Abstand zwischen 2 schwarzen Gitterlinien = 1 Kilometer

Mainzer Landstr.
Gallus-warte
St.-Gallus-K.
Straßenverkehrsa.
Schwalbacher Str.
Krifteler Str.
Lahn-
Kriegkstr.
Idsteiner Str.
Hohenstaufen-str.
Weilburger Str.
Galluspark
Kleyerstr.
Harry-Fuld-Str.
VHS
Pfarrer-Perabo-Pl.
Camberger Str.
Straßenbahnwagenhalle
Kraftwerk
Mannheimer Str.
Heilbronner Str.
Heidelberger Str.
Hafenstr.
Gew.Förd.Anst.
Zollfahnd.
Prüf-u. Lehr-amt
Zollhof
Gutleutstr.
Gutleutviertel
Am Kraftwerk
Rotfeder-Ring
Speicherstr.
Bachforellenweg
Westhafen
2 Stichlingstr.
3 Flusskrebsstr.
4 Westhafen
Elektrizitätswerk
Main-Neckar-Brücke
Altenheim
Sommerhoffpark
Gutleuthof
Main
Briefzentrum
Erntestr.
Hirtenkap
Hirtenstr.
Wasser- u. Schifffahrtsamt
Campingpl.
Niederräder Ufer
Max-Planck-Inst. f. Hirnforschung
Heinr.-Hoffmann-Str.
Sandhofstr.
Blutspendezentrale Hessen d. DRK
Sandhof
Buchenrodestr.
Friedr.-heim
Zentr. d. Neurologie u. Neurochirurgie
Zentrum d. Psychiatrie
Deutschordenstr.
Komturstr.
Holzhecke
Altenheim
Kl. Kirche Niederrad
Elli-Lucht-Park
Schleusenw.
Mainfeld
Mainfeldstr.
Im Mainfeld
Niederräder Brücke
Niederräder Ufer
Kelsterbacher Str.
Frauenhofstr.
Niederräder Landstr.
Schwanheimer Str.
Trifelsstr.
Haardtwaldstr.
Otzbergstr.
Blauenstr.
Bruchfeldpl.
Bruchfeldstr.
Odenwaldstr.
Rennbahnstr.
Galopp-Rennbahn
Kennedy-Allee
Hist. Kläranlage
Hahnstr.
Donnersbergstr.
Kalmitstr.
Breubergstr.
Goldsteinstr.
Melibocusstr.
Kandelstr.
Belchenstr.
Triftstr.
Gerauer Str.
Apostelstr.
Adolfstr.
Schwarzwaldstr.
Jugenheimer Str.
A.-Miersch-Siedlung
Rud.-Menzer-Anl.
Adolf-Miersch-Str.
Herbert-Boehm-Str.
P.-Gerhardt-K.
Königslacher Str.
Güntherstr.
Herzogstr.
1 Henselstr.
2 Schottensteinstr.
Golfpl.
Niederrad
Landesarbeitsamt
Saonestr.
Lyoner Str.
Seligerstr.
Alkenstr.
Paul-Gerhardt-Ring
Goldammerstr.
Gundhofstr.
Steingrundw.
Neuwiesenstr.
Johann-Klotz-Str.
1 Joh.-Lamp-Str.
2 Volpenhennstr.
Eckertstr.
Tillichstr.
Waldfriedstr.
Reichsforststr.
Vogelweidstr.
Golfstr.
Baumschule
Forstamt
Kutscherweg
Oberforsthaus
Carl-von-Weinberg-Park
Lehrbaustelle
Haus Wildhube
Am Poloplatz
Forstbaumschule
Altenheim
Golfplatz
Golfschneise
Flughafenstr.
Mörfelder Landstr.
Forsthaus Tiroler Hütte
Minigolf
Hockeypl.
Stadion
Kunsteisbahn
Commerzbank-Arena (ehem. Waldstadion)
Sportmus.
Tennisanlage
Landessportsch.
Deutsche Turnsch.
Otto-Fleck-Schneise
Sperberschneise
Stadionparkpl.
F-Stadion
Tiroler Schneise
Schützenschneise
Milanschneise
Hyperboloid-Projektion
Abstand zwischen 2 schwarzen Gitterlinien = 1 Kilometer

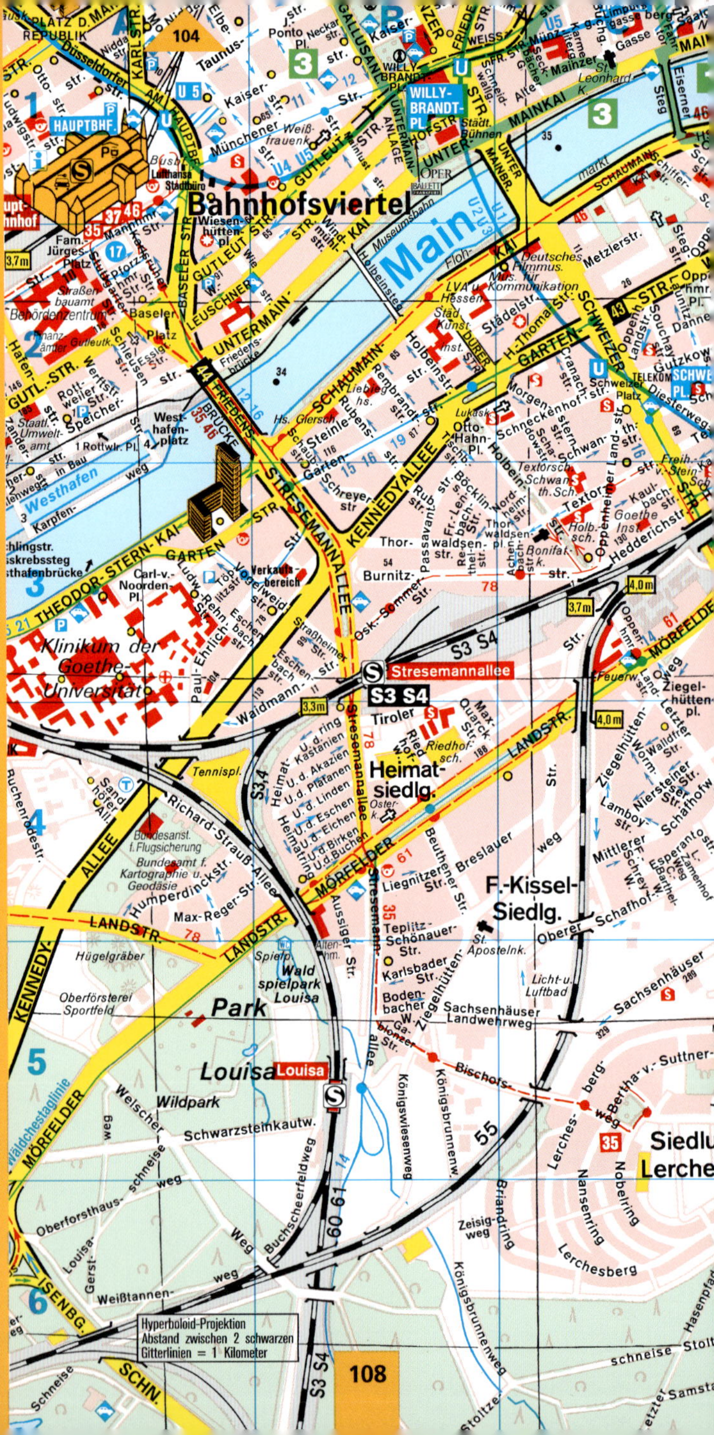
104
Bahnhofsviertel
HAUPTBHF.
Hauptbhf.
Düsseldorfer Str.
Karlstr.
Münchener Str.
Kaiserstr.
Taunusstr.
Mainzer Landstr.
Gallusanlage
Willy-Brandt-Pl.
Untermainanlage
Untermainkai
Untermainbr.
Mainkai
Oper
Städt. Bühnen
St. Leonhard K.
Eiserner Steg
Main
Museumsufer
Holbeinsteg
Schaumainkai
Deutsches Filmmus.
Mus. für Kommunikation
Metzlerstr.
Städelstr.
Städel Kunstinst.
Holbeinstr.
Dürerstr.
Gartenstr.
Schweizer Str.
Schweizer Platz
Textorstr.
Oppenheimer Landstr.
Kaulbachstr.
Goethe Inst.
Morgensternstr.
Schneckenhofstr.
Otto-Hahn-Pl.
Kennedyallee
Stresemannallee
Friedensbrücke
Baseler Str.
Baseler Platz
Gutleutstr.
Wiesenhüttenpl.
Mannheimer Str.
Fam. Jürges-Platz
Behördenzentrum
Straßenbauamt
Leuschnerstr.
Speicherstr.
Westhafen
Westhafenplatz
Theodor-Stern-Kai
Klinikum der Goethe-Universität
Carl-v.-Noorden-Pl.
Paul-Ehrlich-Str.
Vogelweidstr.
Verkaufsbereich
Burnitzstr.
Thorwaldsenstr.
Passavantstr.
Heddérichstr.
Stresemannallee
S3 S4
Waidmannstr.
Tiroler Str.
Max-Quarck-Str.
Riedhof sch.
Heimatsiedlg.
Heimatring
Richard-Strauß-Allee
Bundesanst. f. Flugsicherung
Bundesamt f. Kartographie u. Geodäsie
Humperdinckstr.
Max-Reger-Str.
Mörfelder Landstr.
Liegnitzer Str.
Breslauer Str.
Beuthener Str.
F.-Kissel-Siedlg.
Oberer Schafhofweg
Teplitz-Schönauer-Str.
Karlsbader Str.
St. Apostelnk.
Licht- u. Luftbad
Sachsenhäuser Landwehrweg
Sachsenhäuser
Ziegelhüttenweg
Mittlerer Schafhofweg
Lamboystr.
Niersteiner Str.
Esperantostr.
Tennispl.
Sandhofer Allee
Buchenrodestr.
Kennedyallee
Hügelgräber
Oberförsterei Sportfeld
Park Louisa
Wald spielpark Louisa
Louisa
Wildpark
Schwarzsteinkautw.
Welscher weg
Mörfelder Landstr.
Wäldchestaglinie
Oberforsthausschneise
Louisaweg
Gerstweg
Weißtannenweg
Buchscheerfeldweg
Königswiesenweg
Königsbrunnenweg
Bischofsweg
Lerchesberg
Siedlu Lerches
Nansenring
Nobelring
Bertha-v.-Suttner-
Zeisigweg
Briandring
Isenbg. Schn.
Hasenpfad
Stoltzeschneise
Hyperboloid-Projektion Abstand zwischen 2 schwarzen Gitterlinien = 1 Kilometer
108

105
Deutschherrnviertel
Deutschherrnufer
DEUTSCHHERRN-UFER
DEUTSCH-HERRNUFER
Schöne Aussicht
Oskar-v.-Miller-Str.
Martin-Elsässer-Weg
Großmarkthalle
Obermainkai
Eckhardt-str.
Eyssen-str.
Deutschherrnbrücke
Mainwasen
Lindley-str.
Gerbermühlstr.
Strahlenberger Weg
Zum Schlegelhof
Länderweg
Lokalbahnhof
Mühlberg
Offenbacher Landstr.
Südbhf.
Wendelsplatz
Sachsenhausen
Oberrad
Phil.-Theol.-Hochschule St. Georgen
Henninger Turm
Seehofpark
Darmstädter Landstr.
Schweinfurter Weg
Am Sandberg
Bergesgrund-weg
Schnappbornweg
Sachsenhäuser Landwehrweg
Südfriedhof
Sachsenhäuser Warte
Hotel Holiday Inn Crowne Plaza
Schützenhüttenweg
Landwehrweg
Boehlepark
Wilhelm-Beer-Weg
Goethe-turm
Waldspielpark Goetheturm
Oberförsterei Oberwald
Frankfurter Stadtwald
Babenhäuser Landstr.
Wartschneise
Stoltzeschneise
Scheerwaldschneise
Oberschweinstiegschneise
109

A
B
C
5km
Langenhahn
Freilingen
Mengerskirchen
Dierdorf
Selters
Westerburg
Langendernbach
Waldbrunn-Fussingen
Westerwald
Ransbach-Baumbach
Siershahn
Wirges
Dornburg
Elbtal
Merenberg
Weilburg
Höhr-Grenzhsn.
Dr. Dernbach
Hadamar
Ober-tiefenbach
Beselich-
Höhr-Grenzhausen
Montabaur
Elz
LM-Nord
Runkel
Bendf./Neuw.
Vallendar
116
Diez
Limburg
LM-Süd
Villmar
Brechen
KOBLENZ
Naturpark
Altendiez
Diez
Bad Ems
Laurenburg
Balduinstein
Niederselters
Schaumburg
Hünfelden-Kirberg
Lahnstein
Nassau
Kloster Arnstein
Hahnstätten
Bad Camberg
Braubach
Marksburg
Nassau
Katzenelnbogen
Aar-Kettenbach
Spay
Dachsenhausen
Hünstetten-
bergen-Görsroth
Kamp-Bornhofen
Holzhausen
Laufenselden
Michelbach
Bad Salzig
Nastätten
Heidenrod-
Idstein
Rhein
Ruine Hohenstein
St. Goarshausen
Naturpark
Taunusstein-
Neuhof
Loreley
Strüth
Bad Schwalbach
61
St. Goar
Ruine Rheinfels
Espenschied
Dickschied
Hahn
Geroldstein
Rhein
Oberwesel
Kaub
Rheinpfalz
Rheingaugebirge
Taunus
Schlangenbad
Bacharach
Lorch
Wisper
WIESBADEN
Schierst. Kr.
619 Kalte Herberge
Kloster Eberbach
Walluf
Niederheimbach
Oestrich-Winkel
Eltville
Burg Sooneck
Schl. Johannisbg.
Trechtingshausen
Rüdesheim a.R.
Geisenheim
Ingelheim Ost
Mainz
Rheinböllen
Niederwald-Denkmal
Bingen
Heidesheim
Bischofsheim
Stromberg
Strombg.
Ingelheim
58
MAINZ
AB-Kirche Waldlaubersheim
Waldlaubersheim
Gau-Algesheim
Kreuz Mainz-Süd
Spabrücken
Dorsheim
Dr. Nahetal
Stadecken-Elsheim
Ndr-Olm
Nieder-Olm
Langenlonsheim
Gensingen
Bad Kreuznach
Saulheim
Soonwald
Sprendlingen
Nierstein
Rüdesheim
Gau-Bickelheim
25
Wörrstadt
Bad Kreuznach
Wörrst.
Undenheim
Bad Sobernheim
Bad Münster a. Stein-Ebernburg
30
Wöllstein
Flonheim
Biebelnhm.
Guntersblum
Nahe
Bornheim
Gau-Odernheim
Odernheim
Kreuz Alzey
Alzey
Obermoschel
Selz
Alzey
Dittelsheim-Heßloch

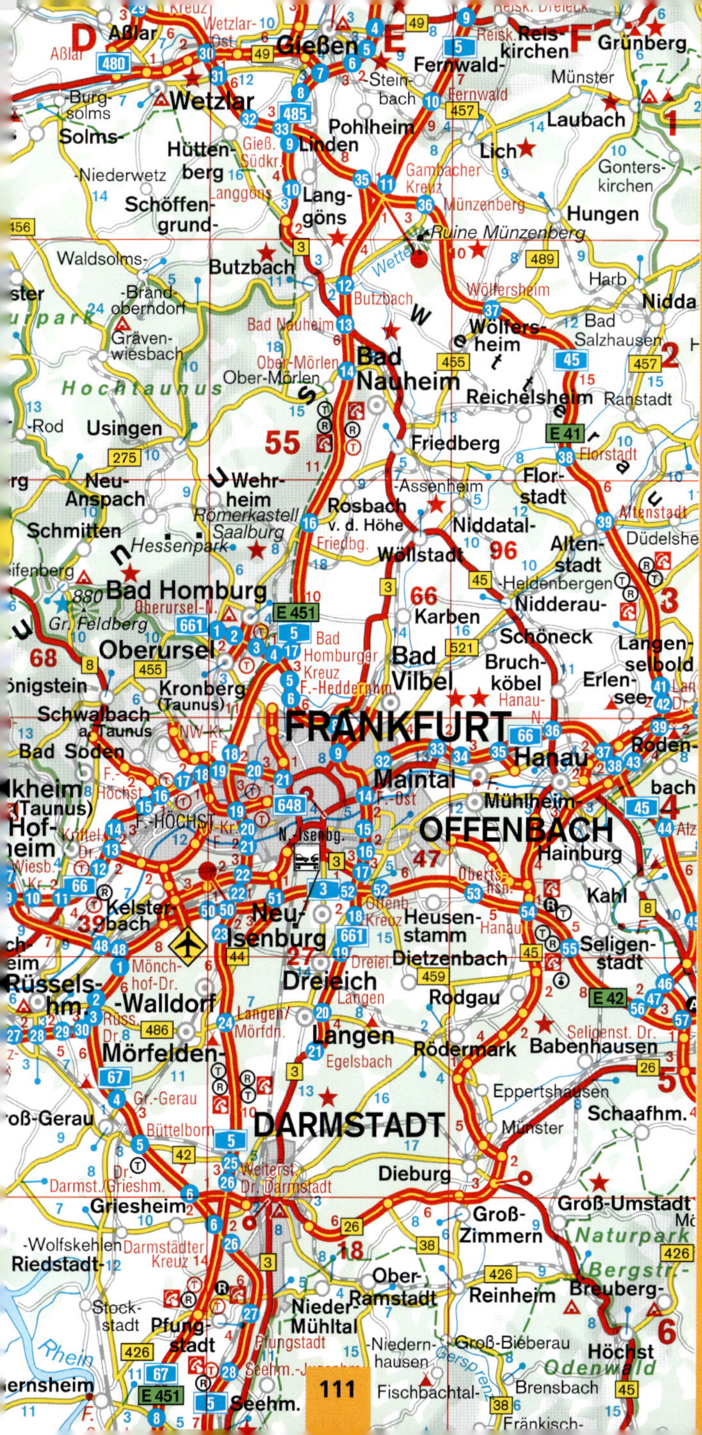

Aßlar
Wetzlar
Gießen
Fernwald-
Reiskirchen
Grünberg
Münster
Laubach
Burg-solms
Solms-
Hütten-berg
Pohlheim
Linden
Lich
Gonters-kirchen
Niederwetz
Schöffen-grund-
Lang-göns
Gambacher Kreuz
Münzenberg
Hungen
Ruine Münzenberg
Waldsolms-
Butzbach
Harb
Nidda
-Brand-oberndorf
Wölfersheim
Wölfers-heim
Bad Salzhausen
Gräven-wiesbach
Bad Nauheim
Ober-Mörlen
Hochtaunus
Reichelsheim
Ranstadt
Usingen
Friedberg
Florstadt
Flor-stadt
-Assenheim
Neu-Anspach
Wehr-heim
Rosbach v. d. Höhe
Niddatal-
Altenstadt
Alten-stadt
Düdelsheim
Schmitten
Römerkastell Saalburg
Hessenpark
Wöllstadt
-Heldenbergen
Nidderau-
Bad Homburg
Oberursel-N.
Gr. Feldberg
Karben
Schöneck
Langen-selbold
Oberursel
Bad Homburger Kreuz
Bad Vilbel
Bruch-köbel
Erlen-see
Königstein
Kronberg (Taunus)
F.-Heddernheim
Hanau-N.
Schwalbach a. Taunus
FRANKFURT
Bad Soden
Hanau
Roden-bach
Hofheim (Taunus)
F.-Höchst
Maintal
F.-Ost
Mühlheim
F.-HÖCHST
OFFENBACH
Hainburg
N.-Isenbg.
Kahl
Kelster-bach
Offenb. Kreuz
Heusen-stamm
Seligen-stadt
Neu-Isenburg
Dreieich
Dietzenbach
Rüssels-heim
Mönch-hof-Dr.
-Walldorf
Rodgau
Langen
Mörfelden-
Rödermark
Babenhausen
Seligenst. Dr.
Egelsbach
Gr.-Gerau
Eppertshausen
Groß-Gerau
Schaafhm.
Büttelborn
DARMSTADT
Münster
Dieburg
Darmst./Grieshm.
Weiterst. Dr. Darmstadt
Griesheim
Groß-Umstadt
Groß-Zimmern
Naturpark
-Wolfskehlen
Darmstädter Kreuz
Riedstadt-
Ober-Ramstadt
Reinheim
Bergstr.-
Breuberg-
Nieder-Mühltal
Stock-stadt
Pfung-stadt
Pfungstadt
Niedern-hausen
Groß-Bieberau
Höchst
Rhein
Odenwald
Gersprenz
Seehm.-Jugenheim
Gernsheim
Fischbachtal-
Brensbach
Seehm.
Fränkisch-

Das Register enthält eine Auswahl der im Cityatlas dargestellten Straßen und Plätze